우리가 꼭 알아야 할
107가지 핵심 진리

– 교회와 가정에서 꼭 가르쳐야 할 쉬운 교리 요약 –

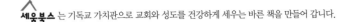

세움북스는 기독교 가치관으로 교회와 성도를 건강하게 세우는 바른 책을 만들어 갑니다.

우리가 꼭 알아야 할 107가지 핵심 진리

초판 1쇄 인쇄 2022년 3월 15일
초판 2쇄 발행 2024년 9월 30일

지은이 | 김태희
펴낸이 | 강인구

펴낸곳 | 세움북스
등 록 | 제2014-000144호
주 소 | 서울시 종로구 대학로 19 한국기독교회관 1010호
전 화 | 02-3144-3500
팩 스 | 02-6008-5712
이메일 | cdgn@daum.net

교 정 | 류성민
디자인 | 참디자인

ISBN 979-11-91715-34-7 (03230)

교회 와 가정 에서 꼭 가르쳐야 할 쉬운 교리 요약

우리가 꼭 알아야 할
107가지
핵심 진리

김태희 지음

세움북스

서문

기독교의 핵심은 무엇일까? 기독교의 핵심을 어떻게 가르쳐야 할까? 『우리가 꼭 알아야 할 107가지 핵심 진리』는 이러한 고민에서 시작되었다. 물론 이러한 고민을 한 사람은 필자가 처음은 아니다. 수많은 사람이 동일한 고민을 했다. 실제로 좋은 결과물을 만들어 냈다. 그중 대표적인 것은 잉글랜드 청교도가 작성한 『웨스트민스터 소요리문답』이다. 소요리문답은 기독교의 핵심 진리를 107가지 문답으로 요약한 장로교회의 표준 문서이다. 하지만 소요리문답의 내용과 표현을 어렵게 생각하는 사람들이 많았다. 그 결과 소요리문답은 그 가치에 비견되는 유명세를 가지지 못했다. 그래서 필자는 소요리문답의 내용을 좀 더 현대적으로 바꾸는 작업에 착수했다. 그 결과물이 바로 이 책, 『우리가 꼭 알아야 할 107가지 핵심 진리』다.

이 책의 첫 번째 장점은 쉽다는 것이다. (원래부터 쉬운) 소요리문답을 더 쉽게 다듬었기 때문이다. 누구든지 이 책을 읽기만하면 기독교의 핵심 진리를 쉽게 이해할 수 있다.

두 번째 장점은 소요리문답의 핵심 주제들을 빠짐없이 표로 정리했다는 점이다. 그래서 기독교의 핵심 진리를 보다 체계적으로 이해할 수 있다.

필자의 처음 의도는 주일 학교 교사들을 위한 교재였다. 주일 학교 교사라면 반드시 알아야 하는 내용을 담은 책이었다. 하지만 모든 사람을 위한 교리 교재가 되면 좋겠다는 출판사의 요청에 따라 지금과 같은 모습으로 변화되었다. 부디 이 책이 처음 의도대로 주일 학교 교사들을 위한 교재로 쓰이길 바란다. 그리하여 주일 학교 교사들이 역량을 갖추는 데 도움이 되길 바란다. 더불어 진리를 알기 원하는 누구나 이 책을 통해 기독교의 핵심 진리를 깨우치게 되길 바란다.

목차

001

우리가 존재하는
목적은 무엇인가요?

우리가 존재하는 목적은 하나님의 영광입니다(고전 10:31).

 간략한 해설

우리가 존재하는 목적에 대해 성경은 다음과 같이 말하고
있습니다. "그런즉 너희가 먹든지 마시든지 무엇을 하든지
다 하나님의 영광을 위하여 하라"(고전 10:31). 이처럼 우리가
존재하는 목적은 하나님의 영광입니다. 우리는 우리 자신
을 위해서가 아닌, 하나님의 영광을 위해서 존재합니다. 하
나님을 영화롭게 하는 삶이란 하나님을 중심에 두는 삶입니
다. 하나님을 중심에 두기 위해서는 항상 다음의 질문을 마
음에 품고 있어야 합니다. '어떻게 행동해야 하나님이 기뻐
하실까?', '무엇을 선택하는 것이 하나님의 뜻일까?'

각 신앙고백서의 시작	
웨스트민스터 대 · 소요리문답 제1문답	삶의 목적
웨스트민스터 신앙고백서 제1장	성경
하이델베르크 요리문답 제1문답	유일한 위로
벨직(네덜란드) 신앙고백서 제1장	믿음의 대상이신 하나님
스코틀랜드 신앙고백서 제1장	하나님에 관하여

 핵심 성구

그런즉 너희가 먹든지 마시든지 무엇을 하든지 다 하나님의 영광을 위하여
하라 _ 고전 10:31

002

어떻게 사는 게 하나님의
영광을 위해서 사는 건가요?

하나님의 영광을 위해서 산다는 건 성경대로 믿고, 성경대로 사는
것입니다(딤후 3:16-17).

🌱 간략한 해설

하나님을 영화롭게 하는 것이 사람이 존재하는 목적입니다.
하지만 사람은 하나님을 영화롭게 하는 방법을 스스로 알
수 없습니다. 죄로 인해 지혜와 총명이 어두워졌기 때문입
니다. 그래서 하나님은 직접 하나님을 영화롭게 하는 방법
을 알려 주셨습니다. 하나님을 영화롭게 하는 방법은 성경
에 기록되어 있습니다. 성경은 하나님의 말씀이므로 믿음과
행위의 절대적인 기준입니다. 성경은 약 1500년 동안, 40
여 명의 저자에 의해 기록되었습니다. 성경은 그토록 오랫
동안, 그토록 많은 사람에 의해 기록되었지만, 오류와 모순
이 전혀 없습니다. 성령 하나님께서 성경 저자들에게 신령
한 영향을 미치셨기 때문입니다. 이것을 '성령의 영감'이라
고 합니다.

계시	종류	기능
일반 계시	• 하나님의 창조 세계 • 사람의 양심 • 역사 속에 나타난 하나님의 섭리	일반 계시만으로는 구원에 이를 수 없다. 하지만 일반 계시를 통해 하나님의 존재를 알리셨으므로 아무도 하나님을 모른다고 핑계할 수 없다(롬 1:18-20).
특별 계시	• 구속 역사 속에 나타난 기적들 • 신·구약 성경 • 예수 그리스도	특별 계시는 예수 그리스도 안에 있는 구원을 보여 준다(요 5:39). 특별 계시는 구속 역사 가운데 점진적으로 계시되었다.

 핵심 성구

모든 성경은 하나님의 감동으로 된 것으로 교훈과 책망과 바르게 함과 의로 교육하기에 유익하니 이는 하나님의 사람으로 온전하게 하며 모든 선한 일을 행할 능력을 갖추게 하려 함이라 _ 딤후 3:16-17

003

성경은
어떤 책인가요?

성경은 크게 두 가지를 알려 주는 책입니다. 첫째, 우리가 무엇을 믿어야 하는지(요 20:31) 둘째, 우리가 어떻게 살아야 하는지(수 1:8).

🌵 간략한 해설

성경은 모든 것을 설명하는 책이 아닙니다. 예를 들어, 과학과 의학은 성경이 중요하게 다루는 주제가 아닙니다. 성경이 주로 가르치는 것은 두 가지입니다. 첫째, "우리가 무엇을 믿어야 하는지". 둘째, "우리가 어떻게 살아야 하는지". 일반적으로 전자를 '복음', 후자를 '율법'이라고 합니다.

성경의 중심 주제	복음	하나님에 관하여 믿을 것	예) 예수님께서 우리를 위해 십자가에서 죽 으셨다.
	율법	하나님이 우리에게 요구하시는 것	예) 살인하지 말라

 핵심 성구

오직 이것을 기록함은 너희로 예수께서 하나님의 아들 그리스도이심을 믿게
하려 함이요 또 너희로 믿고 그 이름을 힘입어 생명을 얻게 하려 함이니라
_ 요 20:31

이 율법책을 네 입에서 떠나지 말게 하며 주야로 그것을 묵상하여 그 안에 기
록된 대로 다 지켜 행하라 _ 수 1:8

004

우리는
무엇을 믿어야 하나요?

우리는 하나님이 영이시라는 것과(요 4:24), 그분의 지혜, 능력, 거
룩하심이 무한하고 영원하며 불변하다는 것을 믿어야 합니다(시
147:5).

🌱 간략한 해설

성경은 하나님이 영이라고 말합니다(요 4:24). 이것은 단순히
하나님이 영혼이라는 의미가 아닙니다. 하나님은 형체를 가
진 모든 피조물과 구별되는 창조주라는 뜻입니다. 그래서 하
나님이 영이라는 것은 하나님이 신이라는 것을 뜻합니다. 피
조물에 불과한 우리는 신이신 하나님을 정확하게 알 수 없습
니다. 하나님에 관한 지식은 신비에 속한 영역입니다. 전통
적으로 교회는 하나님의 존재를 사람과 비교하거나 대조해서
설명했습니다. 일반적으로 하나님과 사람에게서 공통으로 발
견할 수 있는 속성을 '공유적 속성'이라고 합니다. 그리고 사
람에게는 없고 하나님께만 있는 속성을 '비공유적 속성'이라
고 합니다. 예를 들면, 하나님과사람 모두에게 지혜가 있습니
다. 하지만 하나님의 지혜는 무한하고, 영원하며, 불변하는
반면, 사람의 지혜는 유한하고, 일시적이며, 가변적입니다.

속성	공유적 속성	비공유적 속성
하나님의	존재, 지혜, 권능, 거룩, 의로움, 진실은	무한하고, 영원하고, 불변하다.
사람의		유한하고, 일시적이고, 변한다.

 핵심 성구

하나님은 영이시니 예배하는 자가 영과 진리로 예배할지니라 _ 요 4:24

우리 주는 위대하시며 능력이 많으시며 그의 지혜가 무궁하시도다
_ 시 147:5

005

하나님은 몇 분인가요?

하나님은 한 분입니다(신 6:4).

006

하나님은 세 분 아닌가요?

하나님은 성부, 성자, 성령으로 구별되시지만(마 28:19), 본질이 동일하고 지위가 동등한 한 하나님입니다(요 10:30).

🌱 간략한 해설

세상 모든 것들은 유한하고, 부족하며, 변하기 마련입니다. 하지만 하나님은 무한하고, 영원하며, 불변합니다. 따라서 하나님 외에 다른 신들은 참된 신이 아닙니다. 그들은 피조물에 불과합니다. 그들은 상상에만 존재하는 허상입니다. 하나님은 성부, 성자, 성령으로 구별되십니다. 이것을 하나님의 '복수성'이라고 합니다. 성부, 성자, 성령은 본질이 동일하고 지위가 동등합니다. 이것을 하나님의 '단일성'이라고 합니다. 성부, 성자, 성령은 본질이 동일하고 지위가 동등하기 때문에 '하나'입니다. 성부가 하나님이듯, 성자와 성령도 하나님입니다. 하지만 동시에 성부는 성자가 아니고, 성자는 성령이 아닙니다. 성부, 성자, 성령은 독립된 위격입니다. 위격이라는 단어는 하나님의 독립된 신성을 표현하기 위해 신중하게 선택된 단어입니다. 사람으로 치면 인격과 같은 의미입니다.

삼위일체 교리	
하나님의 단일성	성부, 성자, 성령은 본질이 동일하고 지위가 동등하다.
하나님의 복수성	성부, 성자, 성령은 독립된 위격이다.

 핵심 성구

이스라엘아 들으라 우리 하나님 여호와는 오직 유일한 여호와이시니 _ 신 6:4

그러므로 너희는 가서 모든 민족을 제자로 삼아 아버지와 아들과 성령의 이름으로 세례를 베풀고 _ 마 28:19

나와 아버지는 하나이니라 하신대 _ 요 10:30

007

하나님은
무슨 일을 하셨나요?

하나님은 하나님의 영광을 위해서(엡 1:12), 창세전에(엡 1:4), 앞으로
일어날 모든 일을 계획하셨습니다(엡 1:11). 그것을 하나님의 작정
이라고 합니다.

🔥 간략한 해설

성경은 하나님의 창조로 시작합니다. 하지만 하나님은 창조
보다 작정을 먼저 하셨습니다. 작정은 하나님께서 영원 전
에 세우신 계획입니다. 하나님은 계획을 세우시고 그 계획
에 따라서 일하십니다. 따라서 세상에 우연이란 없습니다.
모든 일은 하나님께서 계획하셨기 때문에 발생합니다. 예를
들어, 역사상 가장 끔찍한 사건은 예수님의 십자가일 겁니
다. 사람이 하나님의 아들을 살해한 사건이니까요. 성경은
그조차도 하나님께서 계획하신 일이라고 말합니다(행 2:23).
그렇다면 하나님께서 모든 것을 계획하신 이유는 무엇일까
요? 하나님의 영광입니다. 하나님은 자신의 영광을 위해서
모든 것을 계획하셨습니다.

하나님의 작정

작정의 범위	모든 것
작정의 근거	하나님의 뜻
작정의 시기	창세전
작정의 목적	하나님의 영광
구원을 위한 작정	예정

 핵심 성구

이는 우리가 그리스도 안에서 전부터 바라던 그의 영광의 찬송이 되게 하려
하심이라 _ 엡 1:12

곧 창세전에 그리스도 안에서 우리를 택하사 우리로 사랑 안에서 그 앞에 거
룩하고 흠이 없게 하시려고 _ 엡 1:4

모든 일을 그의 뜻의 결정대로 일하시는 이의 계획을 따라 우리가 예정을 입
어 그 안에서 기업이 되었으니 _ 엡 1:11

008

하나님의 작정은
어떻게 이루어지나요?

하나님의 작정은 창조와 섭리로 이루어집니다.

009

창조란 무엇인가요?

창조는 하나님께서 모든 것을(창 1:1) 오직 말씀만으로(시 33:6) 매우 좋게 만드신 것입니다(창 1:31).

 간략한 해설

하나님은 두 가지를 통해 영원 전에 세우신 계획을 이루어 나가십니다. 창조와 섭리입니다. 창조는 하나님의 영광을 드러낼 세상을 만드신 것이고, 섭리는 창조된 세상이 하나님께 영광을 돌리도록 간섭하시는 것입니다. 하나님의 창조에는 다음과 같은 특징이 있습니다. 첫째, 무에서 유로 창조하셨습니다. 하나님은 아무것도 없는 가운데서 모든 것을 만드셨습니다. 둘째, 능력의 말씀으로 창조하셨습니다. 하나님은 전능하시므로 창조하실 때 재료와 도구가 필요하지 않으셨습니다. 셋째, 완벽하게 창조하셨습니다. 하나님께서 만드신 세상은 하나님 보시기에 매우 좋았습니다.

창조의 특징	
	1. 무에서 유로 창조
	2. 말씀으로 창조
	3. 완벽한 창조

 핵심 성구

| 태초에 하나님이 천지를 창조하시니라 _ 창 1:1

| 여호와의 말씀으로 하늘이 지음이 되었으며 그 만상을 그의 입 기운으로 이루었도다 _ 시 33:6

| 하나님이 지으신 그 모든 것을 보시니 보시기에 심히 좋았더라 _ 창 1:31

010

사람도
하나님께서 창조하셨나요?

사람도 하나님께서 창조하셨습니다. 하나님은 사람을 남자와 여자로(창 2:24), 하나님의 형상으로(창 1:27), 지혜롭고 의롭고 거룩한 존재로 창조하셨습니다(엡 4:24). 그리하여 하나님 대신 모든 피조물을 다스리게 하셨습니다(창 1:28).

 간략한 해설

사람은 하나님의 가장 특별한 피조물이며, 하나님의 형상으로 창조된 유일한 피조물입니다. 하나님의 형상이란, 하나님을 닮았다는 뜻입니다. 물론 외모가 닮았다는 뜻은 아닙니다. 하나님은 영이시니까요. 성경은 하나님의 형상을 지혜와 의와 거룩으로 설명합니다(엡 4:24). 그렇다면, 하나님께서 사람을 하나님의 형상으로 창조하신 이유는 무엇일까요? 사람이 하나님의 청지기이기 때문입니다. 사람은 하나님 대신 세상을 다스리는 존재로서, 하나님의 형상이라는 고귀한 특권을 가지고 창조되었습니다.

하나님의 형상	**영적인 측면**	지혜롭고 의롭고 거룩한 존재	하나님을 따라 의와 진리의 거룩함으로 지으심을 받은 새 사람을 입으라(엡 4:24)
	기능적인 측면	하나님께서 맡기신 사명을 수행할 수 있는 존재	바다의 물고기와 하늘의 새와 땅에 움직이는 모든 생물을 다스리라 하시니라(창 1:28)
	관계적 측면	삼위 하나님이 상호 교제하시는 것처럼, 공동체 속에서 교제하며 살아가는 존재	여호와 하나님이 이르시되 사람이 혼자 사는 것이 좋지 아니하니(창 2:18)

 핵심 성구

이러므로 남자가 부모를 떠나 그의 아내와 합하여 둘이 한 몸을 이룰지로다
_ 창 2:24

하나님이 자기 형상 곧 하나님의 형상대로 사람을 창조하시되 남자와 여자를 창조하시고 _ 창 1:27

하나님을 따라 의와 진리의 거룩함으로 지으심을 받은 새 사람을 입으라
_ 엡 4:24

하나님이 그들에게 복을 주시며 하나님이 그들에게 이르시되 생육하고 번성하여 땅에 충만하라, 땅을 정복하라, 바다의 물고기와 하늘의 새와 땅에 움직이는 모든 생물을 다스리라 하시니라 _ 창 1:28

011

섭리란
무엇인가요?

하나님께서 모든 피조물을(마 10:29) 은혜와 능력으로(시 145:17; 히 1:3) 보존하시고 통치하시는 것입니다(느 9:6; 시 103:19).

 간략한 해설

하나님의 섭리 사역은 두 가지로 나누어집니다. 보존 사역과 통치 사역입니다. 보존 사역이란, 만물이 질서와 조화를 유지하면서 존재하도록 하시는 것입니다. 계절이 조화롭게 변하는 것과 해, 달, 별이 일정한 거리를 두고 움직이는 것이 여기에 속합니다. 통치 사역이란, 만물이 하나님의 뜻대로 존재하도록 하시는 것입니다. 하나님께서 죄인에게 벌을 내리시고, 의인에게 복을 주시는 것이 여기에 속합니다. 섭리의 범위는 어디까지일까요? 모든 피조물과 모든 사건입니다. 성경은 참새의 죽음조차도 하나님의 섭리라고 말합니다. 하나님과 상관없는 피조물이나 사건은 하나도 없다는 뜻입니다. 세상에 우연은 없습니다. 모든 일이 하나님의 섭리입니다.

섭리의 범위	모든 피조물
섭리의 방법	은혜와 능력
섭리의 요소	보존과 통치

 핵심 성구

참새 두 마리가 한 앗사리온에 팔리지 않느냐 그러나 너희 아버지께서 허락
하지 아니하시면 그 하나도 땅에 떨어지지 아니하리라 _ 마 10:29

여호와께서는 그 모든 행위에 의로우시며 그 모든 일에 은혜로우시도다
_ 시 145:17

그의 능력의 말씀으로 만물을 붙드시며 죄를 정결하게 하는 일을 하시고
_ 히 1:3

오직 주는 여호와시라 하늘과 하늘들의 하늘과 일월 성신과 땅과 땅 위의 만
물과 바다와 그 가운데 모든 것을 지으시고 다 보존하시오니 _ 느 9:6

여호와께서 그의 보좌를 하늘에 세우시고 그의 왕권으로 만유를 다스리시도
다 _ 시 103:19

012

하나님은 사람에게
어떻게 섭리하시나요?

하나님은 사람에게 구원을 위하여 섭리하시는데, 이를 위해서 완전한 순종을 조건으로 행위 언약을 맺으셨습니다(창 2:16-17).

 간략한 해설

하나님은 세상을 창조하신 후에, 사람을 구원하시려고 특별한 섭리를 실행하셨습니다. 사람과 언약을 맺으신 것입니다. 언약은 조약 또는 약속을 의미합니다. 하나님과 사람이 구원을 위해 맺은 언약은 선악을 알게 하는 나무의 열매를 먹지 않는 것입니다. 따라서 아담의 구원은 행위에 달려 있었습니다. 아담은 순종하는 행위를 통해 영생을 얻을 수도 있었고, 불순종하는 행위를 통해 사망에 이를 수도 있었습니다. 하나님과 아담이 맺은 언약은 언약의 결과가 행위에 달려 있어서 '행위 언약'이라고 부르기도 하고, 순종하는 행위를 통해 생명을 얻는다고 해서 '생명 언약'이라고 부르기도 합니다.

행위 언약	언약하신 선물을 주시기 전에, 순종하는 '행위'를 요구하셨던 언약이므로 행위 언약이라고 합니다. 하나님께서 에덴동산에서 아담과 맺은 언약이 대표적인 행위 언약입니다. 행위 언약이라고 해서 하나님의 '은혜'와 상관없는 것은 아닙니다. 아담은 순종하는 행위를 통해 영생을 얻을 수 있었습니다. 이 영생 또한 은혜입니다. 따라서 행위 언약도 근본적으로는 하나님의 은혜입니다.
은혜 언약	인간의 순종 여부와 상관없이 하나님께서 일방적으로 언약의 혜택을 주시는 언약이므로 은혜 언약이라고 합니다. 하나님께서 타락한 인간에게 구원자를 약속하셨던 원시 복음(창 3:15)이 대표적입니다. 하나님께서 예수님을 통해 우리를 구원하신 것은, 우리의 행위와 상관없는 하나님의 주권적인 은혜입니다.

 핵심 성구

여호와 하나님이 그 사람에게 명하여 이르시되 동산 각종 나무의 열매는 네가 임의로 먹되 선악을 알게 하는 나무의 열매는 먹지 말라 네가 먹는 날에는 반드시 죽으리라 하시니라 _ 창 2:16-17

013

아담은 하나님과
맺은 언약을 잘 지켰나요?

아니요. 아담은 하나님께 죄를 짓고 타락했습니다(고후 11:3).

🌱 간략한 해설

하나님은 사람에게 자유 의지를 주셨습니다. 자유 의지란, 자발적으로 순종할 수도 있고, 자발적으로 불순종할 수도 있는 능력입니다. 하나님께서 자유 의지를 주신 것은, 기계적 순종이 아니라 인격적 순종을 원하셨기 때문입니다. 강제적으로 순종하기보다, 자발적으로 순종하길 원하셨다는 것입니다. 하지만 아담은 자유 의지를 자발적으로 불순종하는 데 사용했습니다. 아담이 불순종한 결과는 타락입니다. 타락은 부패와 동일합니다. 예를 들어, 부패한 과일은 원래 가지고 있던 좋은 성분이 다 사라지면서, 단맛이 사라지고 쓴맛이 생깁니다. 영양소가 사라지고 독소가 생깁니다. 사람도 마찬가지입니다. 죄를 짓고 타락한 인간은 하나님의 형상을 거의 다 잃어버렸습니다. 대신 죄와 죽음이 찾아왔습니다.

부패	사라진 것	생겨난 것
부패한 과일	단맛과 영양소	쓴맛과 독소
부패한 사람	하나님의 형상	죄와 사망

 핵심 성구

뱀이 그 간계로 하와를 미혹한 것 같이 너희 마음이 그리스도를 향하는 진실
함과 깨끗함에서 떠나 부패할까 두려워하노라 _ 고후 11:3

014

죄란
무엇인가요?

죄는 하나님의 율법을 어기거나(요일 3:4), 부족하게 지키는 것입니다(신 6:5).

 간략한 해설

세상 사람들은 죄를 '다른 사람을 해롭게 하는 행동' 정도로 생각합니다. 그렇게 보면 아담의 죄는 그다지 큰 죄로 보이지 않습니다. 다른 사람의 과수원에서 과일 하나 따먹은 정도밖에 보이지 않으니까요. 그런데 성경은 아담의 죄가 에덴에서 추방되고, 하나님의 저주를 받아야 하는 심각한 문제라고 말합니다. 그 이유는 죄가 '하나님과 관계된 문제'이기 때문입니다. 모든 죄는 다른 사람과 관계된 문제이기 이전에 하나님께 불순종하는 행위입니다. 그런데 하나님은 창조주요, 온 우주의 통치자이십니다. 그토록 크고 높으신 하나님께 행한 범죄이므로, 모든 죄는 영원한 죽음의 형벌을 받기에 합당합니다. 죄는 크게 두 종류로 나눌 수 있습니다. 첫째, 하나님의 율법을 어기는 것입니다. 둘째, 부족하게 지키는 것입니다. 일반적으로 사람들은 율법을 어기는 것은 죄라고 생각해도, 부족하게 지키는 것은 죄라고 생각하지 않습니다. 하지만 부족하게 지키는 것도 죄입니다. 성경은 하나님을 적당히 사랑하고, 율법에 적당히 순종하는 것도 죄라고 말합니다. 우리는 하나님을 사랑하되 최선을 다해서 사랑해야 하고(신 6:5), 하나님의 율법에 순종하되 온 힘을 다해서 순종해야 합니다.

죄

1. 율법을 어기는 것

2. 율법을 부족하게 지키는 것

핵심 성구

죄를 짓는 자마다 불법을 행하나니 죄는 불법이라 _ 요일 3:4

너는 마음을 다하고 뜻을 다하고 힘을 다하여 네 하나님 여호와를 사랑하라 _ 신 6:5

015

아담이 지은 죄는
무엇인가요?

아담이 지은 죄는 하나님께서 금하신 열매를 먹은 것입니다(창 3:6).

016

아담의 죄는
어떤 결과를 가져왔나요?

아담은 모든 인류의 대표로서 하나님과 언약을 맺었습니다. 따라서 아담에게 속한 모든 인류는 아담과 함께 죄를 지은 것이나 마찬가지입니다(롬 5:12).

 간략한 해설

아담은 하나님께서 금하신 열매를 먹었습니다. 하나님의 율법을 어기고 죄를 지었습니다. 아담의 행동은 그의 후손에게도 영향을 미쳤습니다. 예를 들어, 대한민국 축구 대표팀이 승리하면, 대한민국이 승리했다고 말합니다. 대표성의 원리 때문입니다. 국가의 수반(首班)이 조약을 체결하면, 모든 국민이 조약을 지켜야 합니다. 대표성의 원리 때문입니다. 아담의 경우도 마찬가지입니다. 아담은 평범한 사람이 아닙니다. 아담은 모든 인류를 대표하는 사람입니다. 아담은 모든 인류를 대표해서 하나님과 언약을 맺었습니다. 아담이 범죄한 결과는 아담 한 사람에게만 귀속되지 않습니다. 아담은 모든 인류를 대표하여 하나님과 언약을 맺었으므로, 모든 인류는 아담과 함께 죄를 지은 것이나 마찬가지입니다.

아담은 누구인가?	1. 첫 사람
	2. 모든 인류의 대표자
	3. 행위 언약의 중보자

 핵심 성구

여자가 그 나무를 본즉 먹음직도 하고 보암직도 하고 지혜롭게 할 만큼 탐스럽기도 한 나무인지라 여자가 그 열매를 따 먹고 자기와 함께 있는 남편에게도 주매 그도 먹은지라 _ 창 3:6

그러므로 한 사람으로 말미암아 죄가 세상에 들어오고 죄로 말미암아 사망이 들어왔나니 이와 같이 모든 사람이 죄를 지었으므로 사망이 모든 사람에게 이르렀느니라 _ 롬 5:12

017

아담이 범죄한 이후 인류는 어떤 처지에 놓이게 되었나요?

아담이 범죄한 이후 인류는 죄인이 되었고, 비참한 삶을 살게 되었습니다(창 3:16-17; 롬 3:16-17).

 간략한 해설

아담의 범죄는 인류의 범죄이고, 아담의 타락은 인류의 타락입니다. 아담이 모든 인류를 대표하기 때문입니다. 하나님은 범죄한 아담과 하와에게 벌을 내리셨습니다. 하와에게는 출산의 고통을, 아담에게는 노동의 고통을 형벌로 주셨습니다. 인류의 타락이 가져온 결과는 크게 두 가지입니다. 첫째, 인류는 하나님 앞에서 죄인이 되었습니다. 둘째, 인류는 비참한 삶을 살게 되었습니다.

타락한 인류의 처지

1. 죄인

2. 비참함

 핵심 성구

또 여자에게 이르시되 내가 네게 임신하는 고통을 크게 더하리니 네가 수고하고 자식을 낳을 것이며 너는 남편을 원하고 남편은 너를 다스릴 것이니라 하시고 아담에게 이르시되 네가 네 아내의 말을 듣고 내가 네게 먹지 말라 한 나무의 열매를 먹었은즉 땅은 너로 말미암아 저주를 받고 너는 네 평생에 수고하여야 그 소산을 먹으리라 _ 창 3:16-17

파멸과 고생이 그 길에 있어 평강의 길을 알지 못하였고 _ 롬 3:16-17

018

사람의 죄는
어떻게 이루어져 있나요?

사람의 죄는 원죄와 자범죄로 이루어져 있습니다. 원죄는 아담의
첫 범죄에 대한 죄책(롬 5:19)과 근본적인 의로움의 상실과(롬 3:10)
온 성품의 부패함(렘 13:23)을 말하고, 이 원죄로부터 나오는 실제적
인 범죄 행위들을 자범죄라고 합니다(마 15:19).

🌱 간략한 해설

모든 인류는 아담에게서 원죄를 물려받고 원죄로 인해 자범
죄를 짓습니다. 즉, 원죄는 죄인의 본성이고 자범죄는 죄인
의 본성에서 나오는 생각과 말과 행동입니다. 예컨대, 한 그
루의 사과나무가 있다고 가정해 봅시다. 이 나무의 본성은
사과나무입니다. 그래서 이 나무는 항상 한 가지 열매만 맺
습니다. 바로 사과입니다. 사람도 마찬가지입니다. 사람의
본성은 죄인입니다. 그래서 항상 악한 생각과 말과 행동만
합니다. 사람은 죄를 지어서 죄인이 되는 것이 아니라, 죄인
이기 때문에 죄를 짓습니다. 자범죄를 지어서 원죄를 가지
는 것이 아니라, 원죄를 가지고 있기에 자범죄를 짓습니다.

죄의 구분	죄의 결과
원죄	1. 아담의 범죄에 대한 공동 책임(롬 5:19) 2. 원래 의로움의 상실(롬 3:10) 3. 본성 전체의 부패(렘 13:23)
자범죄	원죄에 뿌리내린 생각과 말과 행동(마 15:19)

 ## 핵심 성구

한 사람이 순종하지 아니함으로 많은 사람이 죄인 된 것 같이 한 사람이 순종하심으로 많은 사람이 의인이 되리라 _ 롬 5:19

기록된 바 의인은 없나니 하나도 없으며 _ 롬 3:10

구스인이 그의 피부를, 표범이 그의 반점을 변하게 할 수 있느냐 할 수 있을진대 악에 익숙한 너희도 선을 행할 수 있으리라 _ 렘 13:23

마음에서 나오는 것은 악한 생각과 살인과 간음과 음란과 도둑질과 거짓 증언과 비방이니 _ 마 15:19

019

타락한 인류의 삶은
어떤 점에서 비참한가요?

타락한 인류의 삶은 하나님과의 교제를 잃어버렸다는 점에서(창 3:8), 하나님의 진노와 저주 아래 있다는 점에서(롬 1:18), 사는 동안 온갖 고통을 겪는다는 점에서(전 2:22-23), 결국 죽는다는 점에서(롬 5:12), 그리고 영원히 지옥의 형벌을 받는다는 점에서 비참합니다 (살후 1:9).

🖐 간략한 해설

모든 인류가 비참한 처지에 있다는 것은 죄로 인해 하나님의 진노의 대상이 되었고, 현세와 내세에서 하나님의 심판을 받게 되었다는 뜻입니다. 예를 들어, 한 사람이 신선한 수박을 구입했습니다. 이 사람은 수박을 사랑스럽게 바라보았습니다. 맛있는 수박을 먹을 거라고 생각하니, 군침이 돌았습니다. 수박은 오랫동안 방치되었습니다. 먹으려고 잘라보니 썩어서 못 먹게 되었습니다. 이제 수박을 바라보는 시선이 바뀌었습니다. 사랑스럽기는커녕 혐오스럽게 보입니다. 이 사람은 결국 수박을 쓰레기통에 던졌습니다. 하나님과 사람의 관계도 마찬가지입니다. 썩은 수박이 혐오를 일으키듯, 타락한 인류는 하나님의 사랑스러운 피조물이 아닙니다. 하나님의 진노를 일으키는 죄인에 불과합니다. 썩은 수박이 쓰레기통에 던져짐이 당연하듯이, 타락한 인류는 지옥으로 던져지는 것이 당연한 운명이 되었습니다.

타락한 인류의 비참함	
	1. 하나님과의 교제 상실
	2. 하나님의 진노와 저주
	3. 현세의 고통
	4. 죽음
	5. 영원한 지옥 형벌

 핵심 성구

그들이 그날 바람이 불 때 동산에 거니시는 여호와 하나님의 소리를 듣고 아담과 그의 아내가 여호와 하나님의 낯을 피하여 동산 나무 사이에 숨은지라 _ 창 3:8

하나님의 진노가 불의로 진리를 막는 사람들의 모든 경건하지 않음과 불의에 대하여 하늘로부터 나타나나니 _ 롬 1:18

사람이 해 아래에서 행하는 모든 수고와 마음에 애쓰는 것이 무슨 소득이 있으랴 일평생에 근심하며 수고하는 것이 슬픔뿐이라 그의 마음이 밤에도 쉬지 못하나니 이것도 헛되도다 _ 전 2:22-23

그러므로 한 사람으로 말미암아 죄가 세상에 들어오고 죄로 말미암아 사망이 들어왔나니 이와 같이 모든 사람이 죄를 지었으므로 사망이 모든 사람에게 이르렀느니라 _ 롬 5:12

이런 자들은 주의 얼굴과 그의 힘의 영광을 떠나 영원한 멸망의 형벌을 받으리로다 _ 살후 1:9

020

그러면 아무도 죄와 비참에서
벗어날 수 없나요?

하나님께 선택받은 사람들은 죄와 비참에서 벗어나서 영생을 얻을 수 있습니다(행 13:48). 하나님께서 선택하신 사람들을 구원하시는 근거는 예수님입니다(창 3:15). 하나님께서 선택하신 사람들을 구원해 주시되, 예수님 때문에 구원해 주시겠다고 하는 것을 가리켜 은혜 언약이라고 합니다(롬 3:20-22).

 간략한 해설

아담은 모든 인류의 대표입니다. 아담은 모든 인류의 대표로서 하나님과 언약을 맺었습니다. 이것을 행위 언약이라고 합니다. 안타깝게도 아담은 행위 언약을 이루는 데 실패했습니다. 아담은 언약을 어기고 금지된 열매를 먹었습니다. 아담은 타락했고, 동시에 모든 인류도 아담 안에서 타락했습니다. 그렇다면 우리 역시 죄와 비참 가운데서 영원히 멸망하게 될까요? 그렇지 않습니다. 하나님께서 우리와 은혜 언약을 맺어 주셨기 때문입니다. 행위 언약의 중보자는 아담입니다. 모든 인류는 아담을 통해 하나님과 행위 언약을 맺었습니다. 그런데, 은혜 언약의 중보자는 예수님입니다. 택함받은 자들은 예수님을 통해 하나님과 은혜 언약을 맺었습니다. 행위 언약 안에 있는 자들은 아담의 원죄를 전가받지만, 은혜 언약 안에 있는 자들은 예수님의 의를 전가받습니다. 행위 언약 안에 있는 자들은 죄와 비참에 처하지만, 은혜 언약 안에 있는 자들은 구원과 영생에 참여합니다.

언약	행위 언약	은혜 언약
대상	모든 인류	택함받은 자들
중보자	아담	예수 그리스도
수단	율법	믿음
결과	죄와 비참	구원과 영생

 핵심 성구

이방인들이 듣고 기뻐하여 하나님의 말씀을 찬송하며 영생을 주시기로 작정된 자는 다 믿더라 _ 행13:48

내가 너로 여자와 원수가 되게 하고 네 후손도 여자의 후손과 원수가 되게 하리니 여자의 후손은 네 머리를 상하게 할 것이요 너는 그의 발꿈치를 상하게 할 것이니라 하시고 _ 창 3:15

그러므로 율법의 행위로 그의 앞에 의롭다 하심을 얻을 육체가 없나니 율법으로는 죄를 깨달음이니라 이제는 율법 외에 하나님의 한 의가 나타났으니 율법과 선지자들에게 증거를 받은 것이라 곧 예수 그리스도를 믿음으로 말미암아 모든 믿는 자에게 미치는 하나님의 의니 차별이 없느니라 _ 롬 3:20-22

021

예수님은
어떤 분인가요?

예수님은 하나님께서 택하신 자들의 구원자입니다(행 4:12). 예수님은 하나님의 아들이시지만(마 3:17), 우리를 구원하기 위해 사람이 되셨습니다(갈 4:4).

🌱 간략한 해설

우리의 구원자는 두 가지 자격을 갖추어야 합니다. 첫째, 우리를 대표하기 위해 사람이어야 합니다. 하나님께 죄를 지은 당사자가 사람이기 때문입니다. 둘째, 우리를 대신하기 위해 하나님이어야 합니다. 짐승이나 사람에게는 택함받은 모든 자들을 대신할 가치가 없기 때문입니다. 그래서 우리의 구원자는 한 분밖에 없습니다. 사람이신 동시에 하나님이신 예수 그리스도입니다.

구원자의 조건		
1. 참 사람	지위에 있어서 우리를 대표하기 위해	
2. 참 하나님	가치에 있어서 우리를 대신하기 위해	

 ## 핵심 성구

다른 이로써는 구원을 받을 수 없나니 천하 사람 중에 구원을 받을 만한 다른 이름을 우리에게 주신 일이 없음이라 하였더라 _ 행 4:12

하늘로부터 소리가 있어 말씀하시되 이는 내 사랑하는 아들이요 내 기뻐하는 자라 하시니라 _ 마 3:17

때가 차매 하나님이 그 아들을 보내사 여자에게서 나게 하시고 율법 아래에 나게 하신 것은 _ 갈 4:4

022

하나님이신 예수님은
어떻게 사람이 되셨나요?

예수님은 성령의 능력으로 잉태되셨고(눅 1:35), 처녀 마리아의 배 속에서 사람의 몸과(빌 2:6-7) 사람의 영혼을 취하셔서(마 26:38), 죄 없는 사람으로 출생하셨습니다(히 4:15).

🌱 간략한 해설

모든 사람은 부모의 능력으로 잉태됩니다. 아버지의 정자와 어머니의 난자로부터 잉태됩니다. 그래서 날 때부터 부모에게 원죄를 물려받습니다. 예수님은 부모의 능력으로 잉태되지 않았습니다. 성령의 능력으로 잉태되셨습니다. 그래서 예수님은 죄 없이 출생하셨습니다. 잉태되신 예수님은 마리아의 배 속에서 사람의 몸과 사람의 영혼을 취하셨습니다. 그리하여 참 사람이 되셨습니다. 예수님은 여러 이단들이 주장하는 것처럼, 사람으로 보이셨거나 절반 정도만 사람이셨던 것이 아니라 온전한 사람이셨습니다.

성령의 능력으로 잉태되심

처녀 마리아의 몸 안에서 ➡ 사람의 몸과 영혼을 취하심

⬇

죄 없으신 참 사람이 되심

 핵심 성구

천사가 대답하여 이르되 성령이 네게 임하시고 지극히 높으신 이의 능력이 너를 덮으시리니 이러므로 나실 바 거룩한 이는 하나님의 아들이라 일컬어지리라 _ 눅 1:35

그는 근본 하나님의 본체시나 하나님과 동등됨을 취할 것으로 여기지 아니하시고 오히려 자기를 비워 종의 형체를 가지사 사람들과 같이 되셨고 _ 빌 2:6-7

우리에게 있는 대제사장은 우리의 연약함을 동정하지 못하실 이가 아니요 모든 일에 우리와 똑같이 시험을 받으신 이로되 죄는 없으시니라 _ 히 4:15

023

예수님은
사람으로 이 땅에 오셔서
무슨 일을 하셨나요?

예수님은 이 땅에서 선지자, 제사장, 왕의 일을 하셨고, 지금도 하늘에서 이 일들을 하고 계십니다.

 간략한 해설

하나님은 자기 백성들에게 은혜를 베풀기 위해 직분자들을 세우셨습니다. 하나님은 직분을 주실 때 기름을 부으셨습니다. 하나님께서 기름을 부어 세우신 직분에는 세 가지가 있습니다. 선지자와 제사장과 왕입니다. 그래서 이들을 '그리스도'라고 불렀습니다. 그리스도란 '기름 부음 받은 자'라는 뜻입니다. 일반적으로 예수님을 '예수 그리스도'라고 부릅니다. 예수는 성자께서 취하신 이름이고(마 1:21), 그리스도는 성자께서 취하신 직분입니다.

예수 그리스도

예수	이름	구원자
그리스도	직분	왕, 선지자, 제사장

 핵심 성구

아들을 낳으리니 이름을 예수라 하라 이는 그가 자기 백성을 그들의 죄에서
구원할 자이심이라 하니라 _ 마 1:21

시몬 베드로가 대답하여 이르되 주는 그리스도시요 살아 계신 하나님의 아들
이시니이다 _ 마 16:16

024
예수님은 선지자의 직분을 어떻게 행하시나요?

> 선지자는 하나님의 뜻을 전달하는 직분입니다. 예수님은 선지자로서 말씀(행 1:1-2)과 성령(요 14:26)으로 하나님의 뜻을 알려 주십니다.

 간략한 해설

선지자는 하나님의 뜻을 전달하는 직분입니다. 예수님은 구약 시대에 자신의 영을 선지자들에게 내리셔서 하나님의 뜻을 알려 주셨고, 신약 시대인 지금은 성경과 성령으로 하나님의 뜻을 알려 주십니다. 그래서 지금은 하나님의 뜻을 알기 위해 성경을 읽어야지, 선지자를 찾아서는 안 됩니다. 성령님의 도움은 성경을 이해하는 데 있어 절대적입니다. 불신자들은 아무도 성경을 이해할 수 없습니다(고전 2:9). 성령님의 도움이 없기 때문입니다. 우리가 성경을 이해할 수 있는 것은 성령님께서 도와주시기 때문입니다(고전 2:10). 이것을 '성령의 조명'이라고 합니다.

| 선지자이신 예수님 | 하나님의 뜻을 알려 주심 | 말씀으로 | 기록된 말씀인 성경 |
| | | 성령으로 | 성경을 이해할 수 있는 지혜 |

 핵심 성구

데오빌로여 내가 먼저 쓴 글에는 무릇 예수께서 행하시며 가르치시기를 시작하심부터 그가 택하신 사도들에게 성령으로 명하시고 승천하신 날까지의 일을 기록하였노라 _ 행 1:1–2

보혜사 곧 아버지께서 내 이름으로 보내실 성령 그가 너희에게 모든 것을 가르치고 내가 너희에게 말한 모든 것을 생각나게 하리라 _ 요 14:26

기록된 바 하나님이 자기를 사랑하는 자들을 위하여 예비하신 모든 것은 눈으로 보지 못하고 귀로 듣지 못하고 사람의 마음으로 생각하지도 못하였다 함과 같으니라 _ 고전 2:9

오직 하나님이 성령으로 이것을 우리에게 보이셨으니 성령은 모든 것 곧 하나님의 깊은 것까지도 통달하시느니라 _ 고전 2:10

025

예수님은 제사장의 직분을
어떻게 행하시나요?

제사장은 하나님과 사람 사이에 있는 죄를 해결하는 직분입니다.
죄로 인해 하나님과 사람 사이에는 화목이 없기 때문에, 예수님은
제사장으로서 하나님께 자신을 제물로 드리심으로(롬 3:25), 우리
와 하나님을 화목하게 하셨습니다(롬 5:10). 그리고 지금도 하늘에
서 우리를 위해 중보 기도를 하고 계십니다(롬 8:34).

🌱 간략한 해설

하나님과 사람 사이에는 '죄'라고 하는 거대한 담이 있습니
다. 때문에, 사람은 죄를 가지고서 하나님께 가까이 갈 수
없습니다. 하나님과 화해하기 위해서는 죄를 해결해야 합니
다. 그래서 제사장의 직분이 필요합니다. 제사장은 죄를 해
결하여 하나님과 사람을 화해시키는 직분입니다. 구약의 제
사장은 짐승을 제물로 바치는 것과 백성을 위해 중보 기도
하는 것으로 이 직분을 수행했습니다. 이제 제사 제도는 종
결되었습니다. 예수님께서 자기 몸으로 영원한 제사를 드리
셨기 때문입니다. 예수님의 가치는 영원하기에, 예수님께서
몸으로 드린 제사도, 효력도 영원합니다. 예수님은 지금도
하늘에서 우리를 위해 중보 기도 하심으로써, 제사장의 직
분을 수행하고 계십니다.

제사장이신 예수님	하나님과 사람 사이에 있는 죄의 담을 허무심	십자가에서 자기 몸으로 드린 제사를 통해
		하늘에서 드리는 중보 기도를 통해

 핵심 성구

이 예수를 하나님이 그의 피로써 믿음으로 말미암는 화목제물로 세우셨으니
이는 하나님께서 길이 참으시는 중에 전에 지은 죄를 간과하심으로 자기의
의로우심을 나타내려 하심이니 _ 롬 3:25

곧 우리가 원수 되었을 때에 그의 아들의 죽으심으로 말미암아 하나님과 화
목하게 되었은즉 화목하게 된 자로서는 더욱 그의 살아나심으로 말미암아 구
원을 받을 것이니라 _ 롬 5:10

누가 정죄하리요 죽으실 뿐 아니라 다시 살아나신 이는 그리스도 예수시니
그는 하나님 우편에 계신 자요 우리를 위하여 간구하시는 자시니라 _ 롬 8:34

026

예수님은 왕의 직분을
어떻게 행하시나요?

> 왕은 자기 백성을 보호하고 지키는 직분입니다. 예수님은 왕으로
> 서 우리를 다스리고, 보호하시며(요 17:2), 모든 원수로부터 우리를
> 지켜 주십니다(마 12:28).

🌱 간략한 해설

왕은 백성을 다스리고 보호하는 직분입니다. 특히 적들로부
터 백성을 안전하게 지키는 직분입니다. 예수님은 사탄이라
고 하는 원수로부터 우리를 안전하게 지키시고, 죄와 사망
이라고 하는 적들로부터 우리를 건지시고 보호하십니다. 성
도의 삶이 안전한 이유가 여기에 있습니다. 세상의 어떤 왕
보다 강한 왕이신 예수님께서 우리를 다스리고 보호하십니
다.

| 왕이신 예수님 | 백성들을 구원으로 인도하심 | 다스리고 보호하심으로 |
| | | 원수로부터 지키심으로 |

 핵심 성구

아버지께서 아들에게 주신 모든 사람에게 영생을 주게 하시려고 만민을 다스리는 권세를 아들에게 주셨음이로소이다 _ 요 17:2

그러나 내가 하나님의 성령을 힘입어 귀신을 쫓아내는 것이면 하나님의 나라가 이미 너희에게 임하였느니라 _ 마 12:28

027

예수님은 이 땅에서 어떤 일을 겪으셨나요?

예수님은 어려운 가정에서 태어나셨고(눅 2:7), 율법에 순종하셨습니다(갈 4:4). 또 여러 가지 비참함을 겪으셨고(사 53:3), 십자가에서 죽으셨으며(빌 2:8), 무덤에 묻히셨습니다(마 27:59-60). 이것을 예수님의 낮아지심이라고 합니다.

 간략한 해설

예수님은 우리를 구원하시기 위해 율법을 제정하신 창조주의 위치에서 율법에 순종해야 하는 피조물의 위치로 낮아지셨습니다. 출생에서는 더러운 말구유에서 나시기까지 자기를 낮추셨고, 일생 동안 지극히 많은 시험과 비난과 배신을 겪기까지 자신을 낮추셨습니다. 죽음에서 있어서는 십자가에서 죽고 무덤에 묻히기까지 자신을 낮추셨습니다.

그리스도의 낮아지심

율법에 순종하심 ➡ 여러 가지 비참함을 겪으심
➡ 십자가에서 죽으심 ➡ 무덤에 묻히심

 핵심 성구

첫아들을 낳아 강보로 싸서 구유에 뉘었으니 이는 여관에 있을 곳이 없음이
러라 _ 눅 2:7

때가 차매 하나님이 그 아들을 보내사 여자에게서 나게 하시고 율법 아래에
나게 하신 것은 _ 갈 4:4

그는 멸시를 받아 사람들에게 버림받았으며 간고를 많이 겪었으며 질고를 아
는 자라 마치 사람들이 그에게서 얼굴을 가리는 것 같이 멸시를 당하였고 우
리도 그를 귀히 여기지 아니하였도다 _ 사 53:3

사람의 모양으로 나타나사 자기를 낮추시고 죽기까지 복종하셨으니 곧 십자
가에 죽으심이라 _ 빌 2:8

요셉이 시체를 가져다가 깨끗한 세마포로 싸서 바위 속에 판 자기 새 무덤에
넣어 두고 큰 돌을 굴려 무덤 문에 놓고 가니 _ 마 27:59-60

028

예수님은
무덤에 묻히신 후에
어떻게 되셨나요?

예수님은 삼 일 만에 죽은 자들 가운데서 부활하셨습니다(고전 15:4). 그리고 하늘에 오르셨고(행 1:11), 성부 하나님 오른편에 앉으셨습니다(히 1:3). 마지막 날에는 세상을 심판하러 다시 오실 것입니다(마 16:27). 이것을 예수님의 높아지심이라고 합니다.

 간략한 해설

죽으시고 무덤에 묻히셨던 예수님은 삼 일 만에 부활하셨습니다. 예수님의 부활은 지어낸 이야기가 아니라, 수많은 증인이 있는 역사적 사실입니다(고전 15:5-6). 예수님은 부활한 지 40일 만에 승천하셨습니다. 이 또한 제자들의 눈앞에서 이루어진 역사적 사실입니다(눅 24:50-51). 승천하신 예수님은 하나님 우편에서 온 세상을 다스리고 계십니다. 하나님 우편은 최고의 영광과 능력의 자리를 의미합니다. 예수님은 세상을 심판하러 다시 오실 것입니다.

| 그리스도의 낮아지심 | 그리스도의 높아지심 |

| 율법에 순종하심 | 부활하심 |

➡ 여러 가지 비참함을 겪으심
➡ 십자가에서 죽으심
➡ 무덤에 묻히심

➡ 승천하심
➡ 하나님 우편에서 통치하심
➡ 심판주로 재림하심

핵심 성구

장사 지낸 바 되셨다가 성경대로 사흘 만에 다시 살아나사 _ 고전 15:4

이르되 갈릴리 사람들아 어찌하여 서서 하늘을 쳐다보느냐 너희 가운데서 하늘로 올려지신 이 예수는 하늘로 가심을 본 그대로 오시리라 하였느니라
_ 행 1:11

그리스도의 낮아지심인자가 아버지의 영광으로 그 천사들과 함께 오리니 그 때에 각 사람이 행한 대로 갚으리라 _ 마 16:27

029

예수님께서 이루신 구원은 어떻게 우리의 것이 되나요?

예수님께서 이루신 구원은 성령님의 적용 사역을 통해 우리의 것이 됩니다(슥 4:6).

🖐 간략한 해설

예수님은 우리의 구원을 위해 율법에 순종하셨고, 십자가에서 죽으셨습니다. 예수님은 우리의 구원을 위해 죽음에서 부활하셨고, 하늘로 승천하셨습니다. 하지만 성령님께서 적용해 주시기 전에는, 예수님께서 하신 일은 우리와 아무 상관이 없습니다. 성령님께서 적용해 주셔야만 비로소 예수님께서 이루신 구원은 우리의 것이 됩니다.

	고유한 사역	이루어진 시간	근거 구절
성부 하나님	구원받을 자를 예정하심	창세전	곧 창세전에 그리스도 안에서 우리를 택하사 우리로 사랑 안에서 그 앞에 거룩하고 흠이 없게 하시려고(엡 1:4)
성자 하나님	예정된 자들의 구원을 이루심	십자가 사건 때	예수께서 신 포도주를 받으신 후에 이르시되 다 이루었다 하시고 머리를 숙이니 영혼이 떠나가시니라 (요 19:30)
성령 하나님	성자께서 이루신 구원을 예정된 자들에게 적용하심	우리가 믿을 때	우리를 구원하시되 우리가 행한 바 의로운 행위로 말미암아 아니하고 오직 그의 긍휼하심을 따라 중생의 씻음과 성령의 새롭게 하심으로 하셨나니(딛 3:5)

 핵심 성구

그가 내게 대답하여 이르되 여호와께서 스룹바벨에게 하신 말씀이 이러하니라 만군의 여호와께서 말씀하시되 이는 힘으로 되지 아니하며 능력으로 되지 아니하고 오직 나의 영으로 되느니라 _ 슥 4:6

030

성령님은
예수님께서 이루신 구원을
우리에게 어떻게 적용하시나요?

성령님은 믿음을 통해 우리가 예수님과 연합되게 하시고(엡 3:17),
예수님께서 이루신 모든 것을 우리의 소유가 되게 하십니다(고전
1:9). 이것을 영적 연합이라고 합니다.

🔦 간략한 해설

한 남자와 한 여자가 있다고 가정해 봅시다. 남자에게는
100만 원의 부채가 있고, 여자에게는 200만 원의 재산이 있
습니다. 두 사람이 혼인하여 부부가 되면, 남자의 부채는 어
떻게 될까요? 남자의 부채는 사라집니다. 대신 100만 원의
재산을 소유하게 됩니다. 남자와 여자는 혼인을 통해 하나
로 연합되었기 때문입니다. 우리의 구원도 마찬가지입니
다. 우리는 믿음을 통해 예수님과 하나가 되었습니다. 이것
을 '영적 연합'이라고 합니다. 예수님과 하나가 되었기 때문
에 예수님의 순종은 우리의 순종이 됩니다. 예수님의 죽음
도 우리의 죽음이 됩니다. 그 결과 우리는 하나님 앞에서 죄
인이 아니라 의인이 됩니다. 심판의 대상이 아니라 구원의
대상이 됩니다. 바로 이것이 성령님께서 우리에게 구원을

적용하는 방식입니다.

영적 연합을 말하는 성경 구절들

곧 창세전에 그리스도 안에서 우리를 택하사(엡 1:4)

너희도 그들 중에서 예수 그리스도의 것으로 부르심을 받은 자니라(롬 1:6)

허물로 죽은 우리를 그리스도와 함께 살리셨고(엡 2:5)

우리는 그리스도 안에서 그의 은혜의 풍성함을 따라 그의 피로 말미암아
속량 곧 죄 사함을 받았느니라(엡 1:7)

만일 우리가 그리스도와 함께 죽었으면 또한 그와 함께 살 줄을 믿노니(롬 6:8)

 핵심 성구

믿음으로 말미암아 그리스도께서 너희 마음에 계시게 하시옵고 너희가 사랑
가운데서 뿌리가 박히고 터가 굳어져서 _ 엡 3:17

너희를 불러 그의 아들 예수 그리스도 우리 주와 더불어 교제하게 하시는 하
나님은 미쁘시도다 _ 고전 1:9

031

우리는 어떻게
예수님을 믿을 수 있었나요?

성령님께서 우리의 마음을 밝히셔서(엡 1:18), 우리가 죄인인 것을
알게 하시고(행 2:37), 구원받기 위해 예수님을 바라보게 하셨기 때
문입니다(고후 4:6). 이것을 효력 있는 부르심이라고 합니다.

 간략한 해설

성령님은 우리 마음에 거하십니다. 성령님은 우리 안에 거
하시면서 죄로 어두워진 마음을 밝혀 주십니다. 우리가 죄
인인 것과 심판받아 마땅한 비참한 존재임을 알게 하시고,
구원받기 위하여 예수님만 바라보게 하십니다. 이것을 성령
님의 효력 있는 부르심 또는 내적인 부르심이라고 합니다.
효력 있는 부르심이라고 하는 이유는 교회의 전도와 달리
항상 효력이 있기 때문이고, 내적인 부르심이라고 하는 이
유는 교회가 외부에서 전도하는 것과 달리 사람의 마음 안
에서 일어나는 일이기 때문입니다.

	주체	대상	결과
외적인 부르심	교회의 전도와 선교	모든 사람	항상 효력 있지 않음
내적인 부르심	성령의 역사	택함받은 사람	항상 효력 있음

 핵심 성구

너희 마음의 눈을 밝히사 그의 부르심의 소망이 무엇이며 성도 안에서 그 기업의 영광의 풍성함이 무엇이며 _ 엡 1:18

그들이 이 말을 듣고 마음에 찔려 베드로와 다른 사도들에게 물어 이르되 형제들아 우리가 어찌할꼬 하거늘 _ 행 2:37

어두운 데에 빛이 비치라 말씀하셨던 그 하나님께서 예수 그리스도의 얼굴에 있는 하나님의 영광을 아는 빛을 우리 마음에 비추셨느니라 _ 고후 4:6

032

예수님을 믿으면
어떤 은혜를 받나요?

예수님을 믿으면 칭의와 양자됨과 성화의 은혜를 받습니다.

033

칭의란 무엇인가요?

칭의는 하나님께서 예수님 때문에(롬 3:24) 우리의 모든 죄를 용서
하시고(롬 4:7-8), 우리를 의롭다고 여겨 주시는 것입니다(고후 5:21).

🔥 간략한 해설

칭의는 의롭다고 하시는 은혜입니다. 칭의는 하나님의 법
정에서 일어나는 사법적 판단입니다. 재판장이신 하나님께
서 예수님을 믿는 자들에게 무죄 판결을 내리시는 것이 칭
의입니다. 하나님께서 죄인들을 의인으로 여겨 주시는 근거
는 예수님입니다. 하나님은 예수님 때문에 선택받은 죄인들
을 의인으로 보십니다. 이것은 이중 전가 때문입니다. 전가
란, 잘못이나 책임 등을 남에게 덮어씌운다는 뜻입니다. 하

나님은 우리의 죄를 예수님께 전가하셨고, 예수님의 의로움은 우리에게 전가하셨습니다. 예수님께서 십자가에서 죽으신 것은 우리의 죄를 전가 받으셨기 때문이고, 우리가 의롭게 된 것은 예수님의 의를 전가 받았기 때문입니다.

이중 전가

우리의 죄가 그리스도에게 전가 됨
➡ 심판을 면함

그리스도의 의가 우리에게 전가 됨
➡ 천국 백성의 자격을 얻음

하나님이 죄를 알지도 못하신 이를 우리를 대신하여 죄로 삼으신 것은 우리로 하여금 그 안에서 하나님의 의가 되게 하려 하심이라(고후 5:21)

 핵심 성구

그리스도 예수 안에 있는 속량으로 말미암아 하나님의 은혜로 값없이 의롭다 하심을 얻은 자 되었느니라 _ 롬 3:24

불법이 사함을 받고 죄가 가리어짐을 받는 사람들은 복이 있고 주께서 그 죄를 인정하지 아니하실 사람은 복이 있도다 함과 같으니라 _ 롬 4:7-8

하나님이 죄를 알지도 못하신 이를 우리를 대신하여 죄로 삼으신 것은 우리로 하여금 그 안에서 하나님의 의가 되게 하려 하심이라 _ 고후 5:21

034

양자됨이란
무엇인가요?

하나님께서 예수님 때문에(엡 1:5) 우리를 하나님의 자녀로 입양하시고(요 1:12) 우리가 자녀의 혜택을 누리도록 하시는 것입니다(마 6:31-32).

 간략한 해설

양자됨은 자녀 삼으시는 은혜입니다. 하나님은 예수님을 믿는 자들을 양자로 입양하십니다. 양자가 된 자들은 하나님의 부성(父性)적 보호와 징계를 받습니다. 하나님은 자신의 자녀들을 먹이고 돌보시며, 잘못된 길을 갈 때에는 사랑으로 징계하십니다(히 12:8). 우리가 하나님을 아버지라고 담대하게 부를 수 있는 것도 양자된 자들의 특권입니다(롬 8:15).

양자됨의 특권	1. 긍휼히 여김을 받음	아버지가 자식을 긍휼히 여김 같이 여호와께서는 자기를 경외하는 자를 긍휼히 여기시나니(시 103:13)
	2. 피난처가 되심	여호와를 경외하는 자에게는 견고한 의뢰가 있나니 그 자녀들에게 피난처가 있으리라(잠 14:26)
	3. 필요를 채우심	이는 다 이방인들이 구하는 것이라 너희 하늘 아버지께서 이 모든 것이 너희에게 있어야 할 줄을 아시느니라(마 6:32)
	4. 천국을 상속받음	자녀이면 또한 상속자 곧 하나님의 상속자요 그리스도와 함께 한 상속자니(롬 8:17)

핵심 성구

그 기쁘신 뜻대로 우리를 예정하사 예수 그리스도로 말미암아 자기의 아들들이 되게 하셨으니 _ 엡 1:5

영접하는 자 곧 그 이름을 믿는 자들에게는 하나님의 자녀가 되는 권세를 주셨으니 _ 요 1:12

그러므로 염려하여 이르기를 무엇을 먹을까 무엇을 마실까 무엇을 입을까 하지 말라 이는 다 이방인들이 구하는 것이라 너희 하늘 아버지께서 이 모든 것이 너희에게 있어야 할 줄을 아시느니라 _ 마 6:31-32

035

성화란
무엇인가요?

성화는 하나님께서 예수님 때문에(고후 5:17) 우리에게 하나님의 형상을 회복시켜 주시는 것인데(엡 4:23-24), 죄에 대하여는 점점 더 죽고 의에 대하여는 점점 더 살게 하시는 것입니다(벧전 2:24).

 간략한 해설

성화는 거룩하게 하시는 은혜입니다. 성화는 칭의나 양자됨과 다릅니다. 칭의와 양자됨은 예수님을 믿는 즉시 일어나며 처음부터 완전하지만, 성화는 평생에 걸쳐 진행되고, 이 세상에서는 완전하지 않습니다. 성화의 은혜를 받으면 두 부분에서 변화가 일어납니다. 첫째, 죄를 점점 더 미워하게 됩니다. 둘째, 선행을 점점 더 사랑하게 됩니다.

	변화의 내용	변화의 정도	변화의 주체
칭의	신분의 변화	처음부터 완전함	하나님의 사역
양자됨	관계의 변화	처음부터 완전함	하나님의 사역
성화	질적인 변화	평생에 걸쳐 진행되고, 사람마다 다르며, 이 세상에서는 항상 불완전함	하나님과 신자의 협동 사역

 핵심 성구

그런즉 누구든지 그리스도 안에 있으면 새로운 피조물이라 이전 것은 지나갔으니 보라 새것이 되었도다 _ 고후 5:17

오직 너희의 심령이 새롭게 되어 하나님을 따라 의와 진리의 거룩함으로 지으심을 받은 새 사람을 입으라 _ 엡 4:23

친히 나무에 달려 그 몸으로 우리 죄를 담당하셨으니 이는 우리로 죄에 대하여 죽고 의에 대하여 살게 하려 하심이라 그가 채찍에 맞음으로 너희는 나음을 얻었나니 _ 벧전 2:24

036

구원받은 사람은
이 세상에서 어떤 복을 받나요?

구원받은 사람이 이 세상에서 받는 복은, 하나님의 사랑의 대상이 되는 것(롬 8:39), 양심의 평안을 누리는 것(롬 5:1), 성령 안에서 기뻐하는 것(롬 14:17), 계속해서 은혜를 받는 것(잠 4:18), 그리고 그 결과 구원의 날까지 믿음을 지키게 되는 것입니다(벧전 1:5).

 간략한 해설

구원받은 신자들은 이 세상에서 다음과 같은 복을 누립니다. 첫째, 하나님의 사랑의 대상이 됩니다. 따라서 구원받은 신자들은 더 이상 저주와 심판의 대상이 아닙니다. 둘째, 양심의 평안을 누립니다. 따라서 구원받은 신자들은 죽음과 심판에 대한 두려움에서 벗어납니다. 셋째, 성령 안에서 기뻐합니다. 세상적 즐거움이 아니라 영적 즐거움을 누립니다. 넷째, 영적으로 성장합니다. 계속해서 은혜를 받습니다. 다섯째, 결국 영생을 얻습니다(견인). 구원받은 신자들은 하나님의 능력으로 보호를 받기에, 절대로 구원을 잃어버리지 않습니다.

구원받은 신자가 이 세상에서 누리는 복

1. 하나님의 사랑

2. 양심의 평안

3. 영적인 기쁨

4. 영적인 성장

5. 견인(영생을 얻기까지 견고하게 인내함)

 핵심 성구

높음이나 깊음이나 다른 어떤 피조물이라도 우리를 우리 주 그리스도 예수 안에 있는 하나님의 사랑에서 끊을 수 없으리라 _ 롬 8:39

그러므로 우리가 믿음으로 의롭다 하심을 받았으니 우리 주 예수 그리스도로 말미암아 하나님과 화평을 누리자 _ 롬 5:1

하나님의 나라는 먹는 것과 마시는 것이 아니요 오직 성령 안에 있는 의와 평강과 희락이라 _ 롬 14:17

의인의 길은 돋는 햇살 같아서 크게 빛나 한낮의 광명에 이르거니와 _ 잠 4:18

너희는 말세에 나타내기로 예비하신 구원을 얻기 위하여 믿음으로 말미암아 하나님의 능력으로 보호하심을 받았느니라 _ 벧전 1:5

037

구원받은 사람은 죽을 때 어떤 복을 받나요?

구원받은 사람이 죽을 때 받는 복은, 영혼이 완전히 거룩하게 되어(히 12:23) 하나님 곁으로 가는 것과(눅 23:43) 몸이 여전히 그리스도와 연합된 상태로(살전 4:14) 부활할 때까지 무덤에서 쉬는 것입니다(사 57:2).

 간략한 해설

구원받은 신자들은 죽는 순간에도 복을 받습니다. 신자들이 죽는 순간에 받는 복은 크게 두 부분으로 나뉩니다. 영혼이 받는 복과 몸이 받는 복입니다. 영혼이 받는 복은 다음과 같습니다. 첫째, 완전히 거룩하게 됩니다. 죽음을 통해 성화가 완성됩니다. 둘째, 하나님 곁으로 갑니다. 죽음을 통해 하나님의 품에 안깁니다. 또한 몸이 받는 복은 다음과 같습니다. 첫째, 여전히 그리스도 안에 있습니다. 죽었다고 그리스도와 단절되지 않습니다. 둘째, 무덤에서 편히 쉽니다. 신자의 죽음은 고통으로 들어가는 문이 아니라, 안식으로 들어가는 문입니다.

구원받은 신자가 죽을 때 받는 복	
영혼이 받는 복	완전히 거룩하게 됨
	하나님 곁으로 감
몸이 받는 복	여전히 그리스도와 연합됨
	부활할 때까지 무덤에서 쉼

 핵심 성구

하늘에 기록된 장자들의 모임과 교회와 만민의 심판자이신 하나님과 및 온전하게 된 의인의 영들과 _ 히 12:23

예수께서 이르시되 내가 진실로 네게 이르노니 오늘 네가 나와 함께 낙원에 있으리라 하시니라 _ 눅 23:43

우리가 예수께서 죽으셨다가 다시 살아나심을 믿을진대 이와 같이 예수 안에서 자는 자들도 하나님이 그와 함께 데리고 오시리라 _ 살전 4:14

그들은 평안에 들어갔나니 바른길로 가는 자들은 그들의 침상에서 편히 쉬리라 _ 사 57:2

038

구원받은 사람은
죽은 다음에 어떤 복을 받나요?

구원받은 사람이 죽은 다음에 받는 복은, 죽음에서 부활하는 것과 (고전 15:42) 최후의 심판에서 무죄 선고를 받는 것과(마 25:34) 하나님 곁에서 영원한 기쁨을 누리는 것입니다(마 25:23).

🕯 간략한 해설

죽는 순간 신자의 영혼은 하나님 곁으로 갑니다. 한동안은 몸과 영혼이 분리된 상태로 있습니다. 이것을 '중간 상태'라고 합니다. 그리고 예수님께서 재림하시는 날, 신자의 몸과 영혼은 다시 하나가 됩니다. 이것을 '부활'이라고 합니다. 부활은 소생과 다릅니다. 소생은 죽을 몸으로 다시 사는 것이고, 부활은 죽지 않는 몸으로 다시 사는 것입니다. 예를 들어, 나사로가 다시 살아난 것은 부활이 아니라 소생입니다. 부활의 몸은 다시는 죄를 지을 수 없는 거룩한 몸입니다. 신자는 타락한 몸이 아니라 거룩한 몸으로 부활합니다. 영광스럽게 부활한 신자들은 하나님 곁에서 영원토록 기쁨을 누리게 됩니다. 바로 이것이 모든 신자의 참된 소망입니다. 물론, 불신자들도 부활합니다. 하지만, 신자들처럼 영생을 받기 위해서 부활하는 것이 아니라 영벌을 받기 위해서 부활

합니다(마 25:46). 이것을 '둘째 사망'이라고 합니다.

죽음의 종류		
1. 영적인 사망	하나님을 떠난 상태	그는 허물과 죄로 죽었던 너희를 살리셨도다(엡 2:1)
2. 첫째 사망	죽어서 흙이 되는 것	네가 흙으로 돌아갈 때까지 얼굴에 땀을 흘려야 먹을 것을 먹으리니 네가 그것에서 취함을 입었음이라 너는 흙이니 흙으로 돌아갈 것이니라 하시니라(창 3:19)
3. 둘째 사망	불신자가 받는 영원한 형벌	두려워하는 자들과 믿지 아니하는 자들과 흉악한 자들과 살인자들과 음행하는 자들과 점술가들과 우상숭배자들과 거짓말하는 모든 자들은 불과 유황으로 타는 못에 던져지리니 이것이 둘째 사망이라(계 21:8)

 핵심 성구

죽은 자의 부활도 그와 같으니 썩을 것으로 심고 썩지 아니할 것으로 다시 살아나며 _ 고전 15:42

그때에 임금이 그 오른편에 있는 자들에게 이르시되 내 아버지께 복 받을 자들이여 나아와 창세로부터 너희를 위하여 예비된 나라를 상속받으라
_ 마 25:34

그 주인이 이르되 잘하였도다 착하고 충성된 종아 네가 적은 일에 충성하였으매 내가 많은 것을 네게 맡기리니 네 주인의 즐거움에 참여할지어다 하고
_ 마 25:23

039

구원받은 사람은
어떻게 살아야 하나요?

구원받은 사람은 하나님의 율법에 순종해야 합니다(신 29:29; 삼상 15:22).

 간략한 해설

하나님은 구원을 위해서 믿음을 요구하십니다. 그런데 믿음
조차도 하나님의 선물입니다. 따라서 우리의 구원은 전적으
로 하나님의 은혜이며, 우리가 구원을 받기 위해 해야만 하
는 일은 없습니다. 하지만 구원받은 이후에는 다릅니다. 하
나님은 구원받은 신자들이 불신자들과 다르게 살기를 원하
십니다. 그래서 하나님은 율법을 제정해 주셨습니다. 각 나
라마다 지켜야 하는 법이 있듯이, 하나님의 백성들은 율법
을 지키며 살아야 합니다. 신자들은 율법에 순종함으로써
세상 사람들과 구별될 수 있고, 하나님께 영광을 돌릴 수 있
습니다.

구원받기 위한 자격	없음	모든 사람이 죄를 범하였으매 하나님의 영광에 이르지 못하더니 그리스도 예수 안에 있는 속량으로 말미암아 하나님의 은혜로 값없이 의롭다 하심을 얻은 자 되었느니라(롬 3:23-24)
구원받은 사람의 의무	율법에 순종	그가 우리를 대신하여 자신을 주심은 모든 불법에서 우리를 속량하시고 우리를 깨끗하게 하사 선한 일을 열심히 하는 자기 백성이 되게 하려 하심이라(딛 2:14)

 핵심 성구

감추어진 일은 우리 하나님 여호와께 속하였거니와 나타난 일은 영원히 우리와 우리 자손에게 속하였나니 이는 우리에게 이 율법의 모든 말씀을 행하게 하심이니라 _ 신 29:29

사무엘이 이르되 여호와께서 번제와 다른 제사를 그의 목소리를 청종하는 것을 좋아하심 같이 좋아하시겠나이까 순종이 제사보다 낫고 듣는 것이 숫양의 기름보다 나으니 _ 삼상 15:22

040

그렇다면 우리는
모든 율법에 순종해야 하나요?

아니요. 율법 가운데 의식법(히 9:12)과 사회법(행 10:15)은 폐지되었습니다. 그러므로 이제 우리는 도덕법에 순종해야만 합니다.

🌾 간략한 해설

율법은 크게 세 가지로 나눌 수 있습니다. 첫째, 의식법입니다. 의식법은 주로 제사와 관련된 율법입니다. 의식법은 예수님께서 자기 몸으로 영원한 제사를 드리신 이후 폐지되었습니다. 이제 더 이상 양이나 염소로 제사를 드리지 않아도 됩니다. 둘째, 사회법입니다. 사회법은 구약 이스라엘의 사회적 제도와 법규입니다. 사회법은 구약 이스라엘이 사라진 이후 폐지되었습니다. 셋째, 도덕법입니다. 도덕법은 하나님과 사람을 사랑하는 방법입니다. 따라서 영원히 지켜야 할 신자의 의무입니다. 의식법과 사회법은 폐지되었지만, 도덕법은 여전히 유효합니다.

의식법	제사 또는 성전과 관련된 율법	여호와께서 자기의 이름을 두시려고 택하신 곳에서 소와 양으로 네 하나님 여호와께 유월절 제사를 드리되(신 16:2)	폐지되었음
사회법	구약 이스라엘의 사회적 제도와 법규	남자나 여자가 접신하거나 박수무당이 되거든 반드시 죽일지니 곧 돌로 그를 치라(레 20:27)	폐지되었음
도덕법	하나님과 사람을 사랑하는 방법	너는 나 외에는 다른 신들을 네게 두지 말라(출 20:3)	여전히 유효함

 핵심 성구

염소와 송아지의 피로 하지 아니하고 오직 자기의 피로 영원한 속죄를 이루사 단번에 성소에 들어가셨느니라 _ 히 9:12

베드로가 이르되 주여 그럴 수 없나이다 속되고 깨끗하지 아니한 것을 내가 결코 먹지 아니하였나이다 한대 또 두 번째 소리가 있으되 하나님께서 깨끗하게 하신 것을 네가 속되다 하지 말라 하더라 _ 행 10:14-15

041

도덕법은
어디에 잘 나타나 있나요?

도덕법은 십계명에 잘 나타나 있습니다(신 4:13).

 간략한 해설

신약 시대에 들어와서 의식법은 폐지되었습니다. 이제 양과 염소로 제사를 드리지 않아도 됩니다. 사회법도 폐지되었습니다. 이제 레위기 11장이 금지하는 음식들, 예를 들어 돼지고기를 먹어도 됩니다. 하지만 신약의 신자들도 도덕법은 지켜야 합니다. 구약의 신자들보다 더 열심히 지켜야 합니다. 신약의 신자들은 구약의 신자들보다 복음에 대해 더 분명하게 알고 있기 때문입니다. 구약의 신자들은 예수님의 십자가를 몰랐습니다. 하지만 신약의 신자들은 알고 있습니다. 신약의 신자들은 하나님의 사랑과 예수님의 희생과 성령님의 역사에 대해 더 분명하게 알고 있습니다. 따라서 더 열심히 도덕법을 지켜야 합니다. 도덕법은 십계명에 잘 나타나 있습니다. 하나님께서 모세에게 친히 써서 주신 십계명은, 도덕법에 포함되는 수많은 계명들을 단 열 가지로 요약하고 있습니다.

하나님이 구원받은 자들에게 요구하시는 것은?	율법에 순종하는 것
어떤 율법에 순종해야 하는가?	도덕법
도덕법이란 무엇인가?	하나님과 사람을 사랑하는 방법
도덕법은 어디에 요약되어 있는가?	십계명

 핵심 성구

여호와께서 그의 언약을 너희에게 반포하시고 너희에게 지키라 명령하셨으
니 곧 십계명이며 두 돌판에 친히 쓰신 것이라 _ 신 4:13

042

십계명의 핵심은
무엇인가요?

십계명의 핵심은 사랑입니다. 십계명은 하나님과 사람을 사랑하는 방법입니다(마 22:37-40).

🌱 간략한 해설

십계명의 핵심은 하나님과 이웃을 사랑하는 것입니다. 예수님께서 직접 이렇게 십계명을 요약하셨습니다. "예수께서 이르시되 네 마음을 다하고 목숨을 다하고 뜻을 다하여 주 너의 하나님을 사랑하라 하셨으니 이것이 크고 첫째 되는 계명이요 둘째도 그와 같으니 네 이웃을 네 자신 같이 사랑하라 하셨으니 이 두 계명이 온 율법과 선지자의 강령이니라". 여기서 강령이라고 번역된 헬라어 '크레만뉘미'는 '매달려 있다'는 뜻으로, 모든 율법이 이 두 계명에 의존하고 있다는 뜻입니다. 모든 율법은 사랑하기 위한 도구입니다.

| 모든 율법을 열 가지로 요약하면? | 십계명 |
| 십계명을 두 가지로 요약하면? | 하나님 사랑, 이웃 사랑 |

 핵심 성구

예수께서 이르시되 네 마음을 다하고 목숨을 다하고 뜻을 다하여 주 너의 하나님을 사랑하라 하셨으니 이것이 크고 첫째 되는 계명이요 둘째도 그와 같으니 네 이웃을 네 자신 같이 사랑하라 하셨으니 이 두 계명이 온 율법과 선지자의 강령이니라 _ 마 22:37-40

043

십계명의 머리말은
무엇인가요?

십계명의 머리말은 다음과 같습니다. "나는 너를 애굽 땅, 종 되었던 집에서 인도하여 낸 네 하나님 여호와니라"(출 20:2)

 간략한 해설

십계명은 "나는 너를 애굽 땅, 종 되었던 집에서 인도하여 낸 네 하나님 여호와니라"라는 말씀으로 시작됩니다. 이것을 십계명의 머리말이라고 합니다. 열 가지 계명을 곧바로 말씀하시지 않고, 머리말을 먼저 말씀하신 이유는 무엇일까요? 율법에 순종하는 동기를 강조하기 위해서입니다. 원래 이스라엘은 애굽의 노예였습니다. 이스라엘은 애굽에서 비참한 세월을 보내고 있었습니다. 이때 하나님께서 은혜를 베푸셨습니다. 모세를 통해 이스라엘을 구원하셨습니다. 비참한 노예 생활에서 해방되게 하셨습니다. 열 가지 재앙을 통해 애굽을 심판하셨고, 이스라엘을 뒤쫓던 군인들을 홍해에서 수장하셨습니다. 그때 이스라엘의 마음이 어땠을까요? 하나님을 향한 감사로 충만했을 것입니다. 바로 이것이 율법을 지키는 동기입니다. 하나님은 자신이 구원자임을 강조하심으로써, 감사하는 마음으로 율법을 지키라고 교훈하십니다.

십계명의 머리말	나는 너를 애굽 땅, 종 되었던 집에서 인도하여 낸 네 하나님 여호와니라(출 20:2)	
머리말의 배경	이스라엘	애굽의 노예살이에서 구원
	우리	죄의 노예살이에서 구원

 핵심 성구

나는 너를 애굽 땅, 종 되었던 집에서 인도하여 낸 네 하나님 여호와니라

_ 출 20:2

044

십계명의 머리말이
우리에게 가르치는 것은
무엇인가요?

> 십계명의 머리말은, 하나님께서 우리의 구원자이시기 때문에 감사하는 마음으로 십계명을 지키는 것이 마땅함을 가르치고 있습니다(벧전 1:14-16).

 간략한 해설

십계명의 머리말을 통해 크게 네 가지를 알 수 있습니다. 첫째, 십계명을 주신 분이 누구인지 알 수 있습니다. 십계명은 하나님께서 직접 주신 계명입니다. 둘째, 십계명을 누구에게 주셨는지 알 수 있습니다. 십계명은 노예 상태에서 해방된 자들에게 주신 계명입니다. 셋째, 십계명을 언제 주셨는지 알 수 있습니다. 하나님은 자기 백성을 구원하신 후에 십계명을 주셨습니다. 넷째, 결과적으로 십계명을 왜 지켜야 하는지 알 수 있습니다. 십계명은 우리의 구원자이신 하나님께서 명하신 것이므로, 감사하는 마음으로 지켜야 합니다.

1. 십계명을 누가 주셨는가?	하나님
2. 십계명을 누구에게 주셨는가?	해방된 자들
3. 십계명을 언제 주셨는가?	구원하신 이후에
4. 십계명을 어떻게 지켜야 하는가?	감사하는 마음으로

핵심 성구

너희가 순종하는 자식처럼 전에 알지 못할 때에 따르던 너희 사욕을 본받지 말고 오직 너희를 부르신 거룩한 이처럼 너희도 모든 행실에 거룩한 자가 되라 기록되었으되 내가 거룩하니 너희도 거룩할지어다 하셨느니라 _ 벧전 1:14-16

045

제1계명은
무엇인가요?

제1계명은 다음과 같습니다. "너는 나 외에는 다른 신들을 네게 두지 말라"(출 20:3).

 간략한 해설

신은 예배와 경배의 대상입니다. 다른 신을 두지 말라는 것은, 오직 하나님만 예배하라는 뜻입니다. 구약 성경에서 '예배'로 번역되는 히브리어 '아바드'는 '봉사하다' 또는 '섬기다'를 의미합니다. 신약 성경에서 예배로 번역되는 헬라어 '프로스퀴네오'는 '엎드려 절하다'를 의미합니다. 정리하면 하나님을 예배한다는 것은, 하나님께 최상의 존경과 영광을 돌려드리고, 하나님을 섬기며 살아가는 것입니다. 그런데 사람들은 하나님을 높이거나 하나님을 위해 살지 않고, 다른 것을 높이거나 다른 것을 위해 살아가곤 합니다. 바로 그것을 우상이라고 합니다. 예를 들어, 하나님을 위해 살지 않고 성공을 위해 살아간다면 성공이 우상입니다. 하나님보다 연예인을 더 좋아한다면 연예인이 우상입니다.

| 제1계명 | 예배의 대상 |

 핵심 성구

| 너는 나 외에는 다른 신들을 네게 두지 말라 _ 출 20:3

046

제1계명이
명하는 것은 무엇인가요?

제1계명이 명하는 것은, 하나님은 유일하시고(신 6:4) 참되신(살전 1:9) 하나님이시기 때문에, 그에 합당하게 하나님을 경배하고 영화롭게 하라는 것입니다(시 29:2).

 간략한 해설

다른 신을 두지 말라는 것은 실제로 다른 신이 있다는 뜻이 아닙니다. 하나님은 유일한 신이시고, 홀로 참되신 신이십니다. 따라서 우리는 하나님께만 예배를 드려야 합니다. 우리의 예배의 대상은 오직 하나님뿐입니다. 적당히 예배를 드려서는 안 됩니다. 최선의 예배를 드려야 합니다. 하나님이 기뻐하시는 예배가 무엇인지 힘써 알아야 합니다. 하나님께 순종하는 것도 마찬가지입니다. 적당히 순종해서는 안됩니다. 하나님이 기뻐하시는 뜻을 알고 최선을 다해서 순종해야 합니다. 그래서 모세는 하나님을 사랑하되 "마음을 다하고 뜻을 다하고 힘을 다하여 네 하나님 여호와를 사랑하라"고 했습니다.

| 제1계명 | 예배의 대상 |
| 제1계명의 요구 | 하나님께만 예배하는 것 |

 핵심 성구

이스라엘아 들으라 우리 하나님 여호와는 오직 유일한 여호와이시니 _ 신 6:4

그들이 우리에 대하여 스스로 말하기를 우리가 어떻게 너희 가운데에 들어갔는지와 너희가 어떻게 우상을 버리고 하나님께로 돌아와서 살아 계시고 참되신 하나님을 섬기는지와 _ 살전 1:9

여호와께 그의 이름에 합당한 영광을 돌리며 거룩한 옷을 입고 여호와께 예배할지어다 _ 시 29:2

047

제1계명이
금하는 것은 무엇인가요?

제1계명이 금하는 것은 하나님이 유일하시고 참되신 하나님이심을 부인하거나(시 14:1), 하나님께만 드려야 할 경배와 영광을 다른 자나 다른 것에게 돌리는 것입니다(왕하 17:33; 마 6:24).

 간략한 해설

이렇게 생각하는 사람들이 많습니다. "나는 다른 계명은 자주 어길지라도, 제1계명만은 어기지 않아. 나는 절에 다니거나 이슬람 사원에 다니지 않고 교회에 다니고 있으니까." 이것은 잘못된 생각입니다. 교회에 다니면서도 제1계명을 어길 수 있습니다. 다른 신을 두지 말라는 제1계명은, 하나님보다 더 중요하게 여기거나 더 좋아하는 것이 없어야 한다는 뜻입니다. 만약 하나님보다 돈을 더 사랑하고, 하나님보다 성공을 더 중요하게 생각한다면, 그것 역시 제1계명을 범하는 것입니다.

제1계명	예배의 대상
제1계명의 요구	하나님께만 예배하는 것
제1계명의 금지	다른 대상을 예배하는 것

 핵심 성구

어리석은 자는 그의 마음에 이르기를 하나님이 없다 하는도다 그들은 부패하고 그 행실이 가증하니 선을 행하는 자가 없도다 _ 시 14:1

이와 같이 그들이 여호와도 경외하고 또한 어디서부터 옮겨왔든지 그 민족의 풍속대로 자기의 신들도 섬겼더라 _ 왕하 17:33

한 사람이 두 주인을 섬기지 못할 것이니 혹 이를 미워하고 저를 사랑하거나 혹 이를 중히 여기고 저를 경히 여김이라 너희가 하나님과 재물을 겸하여 섬기지 못하느니라 _ 마 6:24

048

제1계명에서
"나 외에는"이라는 말씀은
무엇을 의미하나요?

제1계명에서 "나 외에는"이라는 말씀이 의미하는 것은, 하나님께서 우리가 다른 신을 섬기는 죄를 특별히 더 눈여겨보시며, 그것을 매우 싫어하신다는 것입니다(신 30:17).

🌱 간략한 해설

제1계명에 있는 "나 외에는"이라는 말씀은, 하나님께서 우리가 하나님보다 다른 사람을, 또는 다른 것을 더 사랑하는지 매우 눈여겨보시며, 그것을 매우 싫어하신다고 강조합니다. 우리는 "나 외에는"이라는 말씀을 생각하며 조심하고 또 조심해야 합니다. 어떤 사람도, 그 무엇도 하나님의 자리를 대신하지 않도록 조심해야 합니다. "나 외에는"이라는 말씀은 강요가 아니라 사랑입니다. 우리는 하나님과 바른 관계를 맺을 때만 참으로 행복할 수 있습니다. 다른 사람, 또는 다른 것을 통해서는 참된 행복을 누릴 수 없습니다. 하나님께서는 "나 외에는"이라는 말씀을 통해, 우리가 참된 행복을 누리도록 하셨습니다.

제1계명	예배의 대상
제1계명의 요구	하나님께만 예배하는 것
제1계명의 금지	다른 대상을 예배하는 것
제1계명을 지킬 이유	다른 대상을 예배하는 것을 매우 싫어하심

 핵심 성구

> 그러나 네가 만일 마음을 돌이켜 듣지 아니하고 유혹을 받아 다른 신들에게
> 절하고 그를 섬기면 내가 오늘 너희에게 선언하노니 너희가 반드시 망할 것
> 이라 너희가 요단을 건너가서 차지할 땅에서 너희의 날이 길지 못할 것이니
> 라 _ 신 30:17-18

049

제2계명은
무엇인가요?

제2계명은 다음과 같습니다. "너를 위하여 새긴 우상을 만들지 말고 또 위로 하늘에 있는 것이나 아래로 땅에 있는 것이나 땅 아래 물속에 있는 것의 어떤 형상도 만들지 말며 그것들에게 절하지 말며 그것들을 섬기지 말라 나 네 하나님 여호와는 질투하는 하나님인즉 나를 미워하는 자의 죄를 갚되 아버지로부터 아들에게로 삼사 대까지 이르게 하거니와 나를 사랑하고 내 계명을 지키는 자에게는 천 대까지 은혜를 베푸느니라"(출 20:4-6).

 간략한 해설

로마 가톨릭은 제1계명과 제2계명을 하나의 계명으로 해석합니다. 그만큼 두 계명은 비슷하게 보입니다. 하지만 제1계명과 제2계명은 분명하게 구분됩니다. 제1계명이 하나님 외에 다른 신을 섬기는 것을 금지하는 계명이라면, 제2계명은 하나님을 형상으로 만들어 섬기는 것을 금지하는 계명입니다. 제1계명이 예배의 대상에 관한 계명이라면, 제2계명은 예배의 방법에 관한 계명입니다. 고대 중동 지방에 살던 민족들은 자신들이 믿는 신을 형상으로 만들어서 예배했습니다. 애굽 사람들은 황소 모양의 신 '아피스'를 예배했고, 블레셋 사람들은 물고기 모양의 신 '다곤'을 예배했습니다.

그러다 보니 이스라엘노 하나님을 형상으로 만들어서 예배할 위험이 있었습니다. 이에 하나님은 제2계명을 통해 하나님을 형상으로 만드는 것, 즉 우상 숭배자들처럼 예배하는 것을 금지하셨습니다.

제1계명	예배의 대상
제2계명	예배의 방법

 핵심 성구

너를 위하여 새긴 우상을 만들지 말고 또 위로 하늘에 있는 것이나 아래로 땅에 있는 것이나 땅 아래 물속에 있는 것의 어떤 형상도 만들지 말며 그것들에게 절하지 말며 그것들을 섬기지 말라 나 네 하나님 여호와는 질투하는 하나님인즉 나를 미워하는 자의 죄를 갚되 아버지로부터 아들에게로 삼사 대까지 이르게 하거니와 나를 사랑하고 내 계명을 지키는 자에게는 천 대까지 은혜를 베푸느니라 _ 출 20:4-6

050

제2계명이
명하는 것은 무엇인가요?

제2계명이 명하는 것은 하나님께서 말씀하신 대로 예배하는 것입니다(신 12:32).

🔥 간략한 해설

제1계명이 하나님만 예배할 것을 명하는 계명이라면, 제2계명은 하나님을 바르게 예배할 것을 명하는 계명입니다. 하나님을 바르게 예배하기 위해서는, 하나님께서 기뻐하시는 예배의 방식을 알아야만 합니다. 우리가 좋은 방식대로 예배하는 것은, 하나님께서 원하시는 예배가 아닙니다. 우리 방식이 아닌, 하나님의 방식은 성경에 기록되어 있습니다. 그러므로 우리는 성경대로 행해야 하고, 성경대로 예배해야 합니다. 성경과 상관없이 우리가 좋은 방식대로 행하는 것은 참된 선행이 될 수 없고, 성경과 상관없이 우리가 좋은 방식대로 예배하는 것은 참된 예배가 될 수 없습니다.

제2세명	예배의 방법
제2계명의 요구	말씀대로 예배하는 것

 핵심 성구

내가 너희에게 명령하는 이 모든 말을 너희는 지켜 행하고 그것에 가감하지
말지니라 _ 신 12:32

051

제2계명이
금하는 것은 무엇인가요?

제2계명이 금하는 것은 하나님께서 말씀하신 대로 예배하지 않는 것입니다(출 32:8).

 간략한 해설

아론은 하나님을 송아지 형상으로 제작해서 예배했습니다. 하나님을 어떤 형상으로 만드는 것은 제2계명을 어기는 일입니다. 따라서 아론이 드린 예배는 참된 예배가 아닙니다. 지금도 마찬가지입니다. 예배는 어떻게든 드리기만 하면 되는 것이 아닙니다. 하나님께 드리는 예배는, 하나님의 방식대로 드려야 합니다. 하나님께서 원하시는 대로 드려야 합니다. 하나님을 형상으로 만드는 것은 그 자체로 악한 일입니다. 하나님을 담아낼 수 있는 형상이란 존재하지 않습니다. 그 어떤 형상도 하나님의 무한성, 영원성, 편재성을 담아낼 수 없습니다. 하나님을 피조물의 형상으로 나타내는 것은, 창조주를 욕되게 하는 일입니다.

제2계명	예배의 방법
제2계명의 요구	말씀대로 예배하는 것
제2계명의 금지	말씀대로 예배하지 않는 것

핵심 성구

그들이 내가 그들에게 명령한 길을 속히 떠나 자기를 위하여 송아지를 부어 만들고 그것을 예배하며 그것에게 제물을 드리며 말하기를 이스라엘아 이는 너희를 애굽 땅에서 인도하여 낸 너희 신이라 하였도다 _ 출 32:8

052

제2계명에 추가된 내용은
무엇을 의미하나요?

제2계명에 추가된 내용이 의미하는 것은, 하나님은 바른 예배를 간절히 원하셔서(출 20:5), 거짓 예배자에게는 벌을 주시고(출 20:5) 참된 예배자에게 복을 주신다는 것입니다(출 20:6).

 간략한 해설

제2계명에 추가된 내용은 크게 세 가지를 의미합니다. 첫째, 하나님은 바른 예배를 간절히 원하십니다. 둘째, 하나님은 거짓 예배자에게는 벌을 주십니다. 셋째, 하나님은 참된 예배자에게는 복을 주십니다.

제2계명	예배의 방법
제2계명의 요구	말씀대로 예배하는 것
제2계명의 금지	말씀대로 예배하지 않는 것
제2계명을 지킬 이유	하나님은 바른 예배를 간절히 원하심

제2계명	너를 위하여 새긴 우상을 만들지 말고 또 위로 하늘에 있는 것이나 아래로 땅에 있는 것이나 땅 아래 물속에 있는 것의 어떤 형상도 만들지 말며 그것들에게 절하지 말며 그것들을 섬기지 말라(출 20:4-5)	말씀대로 예배하라
추가된 내용	나 네 하나님 여호와는 질투하는 하나님인즉(출 20:5)	하나님은 바른 예배를 간절히 원하심
	나를 미워하는 자의 죄를 갚되 아버지로부터 아들에게로 삼사 대까지 이르게 하거니와(출 20:5)	하나님은 거짓 예배자에게 벌을 주심
	나를 사랑하고 내 계명을 지키는 자에게는 천 대까지 은혜를 베푸느니라(출 20:6)	하나님은 참된 예배자에게 복을 주심

 핵심 성구

그것들에게 절하지 말며 그것들을 섬기지 말라 나 네 하나님 여호와는 질투하는 하나님인즉 나를 미워하는 자의 죄를 갚되 아버지로부터 아들에게로 삼사 대까지 이르게 하거니와 _ 출 20:5

나를 사랑하고 내 계명을 지키는 자에게는 천 대까지 은혜를 베푸느니라
_ 출 20:6

053

제3계명은
무엇인가요?

제3계명은 다음과 같습니다. "너는 네 하나님 여호와의 이름을 망령되게 부르지 말라 여호와는 그의 이름을 망령되게 부르는 자를 죄 없다 하지 아니하리라"(출 20:7).

 간략한 해설

제1계명이 예배의 대상을, 제2계명이 예배의 방법을 알려 준다면, 제3계명은 예배의 태도를 알려 주는 계명입니다. 제3계명은 "여호와의 이름을 망령되게 부르지 말라"입니다. '망령되게'로 번역된 히브리어 '샤웨'는 '아무것도 없이 텅 비어 있는 상태'를 뜻합니다. 따라서 제3계명은 하나님의 이름을 텅 비어 있는 마음으로 부르는 것, 다시 말해서 존경하는 마음과 감사하는 마음 없이 예배하는 것을 금합니다.

제1계명	예배의 대상
제2계명	예배의 방법
제3계명	예배의 태도

 핵심 성구

너는 네 하나님 여호와의 이름을 망령되게 부르지 말라 여호와는 그의 이름을 망령되게 부르는 자를 죄 없다 하지 아니하리라 _ 출 20:7

054

제3계명이
명하는 것은 무엇인가요?

제3계명이 명하는 것은 하나님의 이름을 거룩하게 사용하는 것입니다(시 29:2).

 간략한 해설

하나님은 창조주이시고 우리는 피조물입니다. 하나님은 구원자이시고 우리는 죄인입니다. 하나님은 왕이시고 우리는 백성입니다. 따라서 우리는 텅 비어 있는 마음으로 하나님의 이름을 불러서는 안 됩니다. 텅 비어 있는 마음으로 예배해서는 안 됩니다. 경외하는 마음으로 하나님의 이름을 불러야 하며, 감사하는 마음으로 하나님을 예배해야 합니다.

제3계명	예배의 태도
제3계명의 요구	경외하는 마음으로 예배하는 것

핵심 성구

여호와께 그의 이름에 합당한 영광을 돌리며 거룩한 옷을 입고 여호와께 예
배할지어다 _ 시 29:2

055

제3계명이 금하는 것은 무엇인가요?

제3계명이 금하는 것은 하나님의 이름을 속되게 사용하는 것입니다(레 19:12).

 간략한 해설

제3계명은 하나님의 이름을 거룩하게 사용하라고 요구합니다. 따라서 하나님의 이름을 속되게 사용하는 것은 제3계명을 어기는 일입니다. 예를 들어, 유행가 부르듯이 찬송가를 부르거나, 무의미하게 "할렐루야"를 남발하는 것은 제3계명을 어기는 일입니다. 그 외에도 하나님의 이름으로 농담을 하거나, 습관적으로 "주여" 또는 "아버지"를 내뱉는 것은 하나님의 이름을 거룩하게 사용하는 것이 아닙니다.

제3계명	예배의 태도
제3계명의 요구	경외하는 마음으로 예배하는 것
제3계명의 금지	경외하는 마음 없이 예배하는 것

 핵심 성구

너희는 내 이름으로 거짓 맹세함으로 네 하나님의 이름을 욕되게 하지 말라
나는 여호와이니라 _ 레 19:12

056

제3계명에 추가된 내용은 무엇을 의미하나요?

제3계명에 추가된 내용이 의미하는 것은, 하나님은 우리가 어떤 마음으로 예배를 드리는지 다 아신다는 것입니다(출 20:7).

 간략한 해설

제3계명에는 이 계명을 어긴 자들이 받게 될 하나님의 심판이 부가되어 있습니다. 부가된 부분의 의미는 경외하는 마음 없이 예배한 자들이 사람의 형벌은 피할 수 있을지라도, 마음을 보시는 하나님의 심판은 피하지 못한다는 것입니다.

제3계명	예배의 태도
제3계명의 요구	경외하는 마음으로 예배하는 것
제3계명의 금지	경외하는 마음 없이 예배하는 것

제3계명	너는 네 하나님 여호와의 이름을 망령되게 부르지 말라(출 20:7)	경외하는 마음으로 예배하라
추가된 내용	여호와는 그의 이름을 망령되게 부르는 자를 죄 없다 하지 아니하리라(출 20:7)	하나님은 우리가 어떤 마음으로 예배하는지 다 알고 계심

 핵심 성구

너는 네 하나님 여호와의 이름을 망령되게 부르지 말라 여호와는 그의 이름을 망령되게 부르는 자를 죄 없다 하지 아니하리라 _ 출 20:7

057

제4계명은
무엇인가요?

제4계명은 다음과 같습니다. "안식일을 기억하여 거룩하게 지키라 엿새 동안은 힘써 네 모든 일을 행할 것이나 일곱째 날은 네 하나님 여호와의 안식일인즉 너나 네 아들이나 네 딸이나 네 남종이나 네 여종이나 네 가축이나 네 문안에 머무는 객이라도 아무 일도 하지 말라 이는 엿새 동안에 나 여호와가 하늘과 땅과 바다와 그 가운데 모든 것을 만들고 일곱째 날에 쉬었음이라 그러므로 나 여호와가 안식일을 복되게 하여 그날을 거룩하게 하였느니라"(출 20:8-11).

🌾 간략한 해설

성경에서 '7'은 완전함을 의미합니다. 하나님께서 '7'이라는 기간에 맞추어 창조 사역을 진행하신 이유가 여기에 있습니다. 7일 동안의 창조는 하나님의 창조가 완벽하다는 그림 언어입니다. 6일 동안 세상을 창조하신 하나님은 7일째되는 날 안식하셨습니다. 피곤하셔서 쉬신 것이 아니라, 창조가 완벽하게 마무리되었음을 기념하신 것입니다. 하나님께서 우리에게 안식일을 지키라고 하신 것은 안식일을 통해 천국을 미리 경험할 수 있기 때문입니다. 우리는 안식일에 일상의 업무를 내려놓고, 하나님과 교제합니다. 하나님의 말씀을 듣고, 하나님을 찬양하며, 하나님께 기도합니다. 온종일 하나님께 집중하면서 영적인 기쁨을 누리고, 영적인 힘을 공급받습니다. 그리하여 나머지 육 일을 거룩하게 살아갈 힘을 얻습니다.

제1계명	예배의 대상
제2계명	예배의 방법
제3계명	예배의 태도
제4계명	예배의 시간

 핵심 성구

안식일을 기억하여 거룩하게 지키라 엿새 동안은 힘써 네 모든 일을 행할 것이나 일곱째 날은 네 하나님 여호와의 안식일인즉 너나 네 아들이나 네 딸이나 네 남종이나 네 여종이나 네 가축이나 네 문안에 머무는 객이라도 아무 일도 하지 말라 이는 엿새 동안에 나 여호와가 하늘과 땅과 바다와 그 가운데 모든 것을 만들고 일곱째 날에 쉬었음이라 그러므로 나 여호와가 안식일을 복되게 하여 그날을 거룩하게 하였느니라 _ 출 20:8-11

058
제4계명이
명하는 것은 무엇인가요?

제4계명이 명하는 것은 일주일 중 하루를 거룩한 안식일로 지키는 것입니다(출 31:13, 16-17).

 간략한 해설

하나님은 안식일을 지키되 "거룩하게 지키라"고 하셨습니다. 그러므로 안식일에는 하나님을 예배하는 데 최선을 다해야 합니다. 예배를 잘 드리기 위해서는 토요일부터 준비해야 합니다. 헛된 일로 시간을 낭비하다가 늦게 잠드는 것보다는 일찍 잠자리에 들어서 최상의 상태로 예배에 참석하는 것이 좋습니다. 성도의 교제를 나누는 일도 중요합니다. 예배만 드리고 돌아가기보다는 성도의 교제를 통해 서로의 기쁨과 슬픔을 나누는 것이 바람직합니다.

제4계명	예배의 시간
제4계명의 요구	안식일을 거룩하게 지키는 것

 핵심 성구

너는 이스라엘 자손에게 말하여 이르기를 너희는 나의 안식일을 지키라 이는 나와 너희 사이에 너희 대대의 표징이니 나는 너희를 거룩하게 하는 여호와 인 줄 너희가 알게 함이라 _ 출 31:13

이같이 이스라엘 자손이 안식일을 지켜서 그것으로 대대로 영원한 언약을 삼 을 것이니 이는 나와 이스라엘 자손 사이에 영원한 표징이며 나 여호와가 엿 새 동안에 천지를 창조하고 일곱째 날에 일을 마치고 쉬었음이니라 하라 _ 출 31:16-17

059

거룩한 안식일은
언제인가요?

하나님께서 세상을 창조하신 날부터 그리스도의 부활까지는 토요일이 안식일이었고(창 2:2), 그 후부터는 '주일'이라고 하는 일요일이 안식일입니다(행 20:7).

 간략한 해설

하나님께서 처음 명하신 안식일은 7일 중에 마지막 날인 토요일이었습니다. 하지만 사도들은 예수님의 부활을 기점으로, 토요일이 아니라 일요일을 새로운 안식일로 기념하여 지켰습니다. 그리고 그날을 '예수님의 날'이라는 뜻으로 '주일(주의 날)'이라고 불렀습니다(계 1:10). 이것은 전혀 이상한 일이 아닙니다. 예수님의 부활을 통해 우리가 새로운 피조물이 되었으므로(고후 5:17), 주일은 원래 안식일의 정신을 그대로 계승하고 있습니다. 구약의 안식일이 첫 창조를 기념하는 날이라면, 신약의 안식일은 새 창조를 기념하는 날입니다.

안식일	
창조부터 부활까지	일곱 번째 날 : 토요일
부활 이후	첫 번째 날 : 일요일(주일)

 핵심 성구

그 주간의 첫날에 우리가 떡을 떼려 하여 모였더니 바울이 이튿날 떠나고자
하여 그들에게 강론할새 말을 밤중까지 계속하매 _ 행 20:7

060

안식일을 거룩하게 지키기 위해서는 어떻게 해야 하나요?

우선, 평소에 하던 일과 오락을 중단해야 합니다(출 20:10; 사 58:13). 그다음 개인적으로 그리고 공적으로 하나님을 예배해야만 합니다(눅 4:16). 단, 불가피한 일과 자비를 베푸는 일은 할 수 있습니다(마 12:11-12).

 간략한 해설

'안식'으로 번역된 히브리어 '샤바트'는 '그만두다' 또는 '중단하다'를 의미합니다. 따라서 주일에는 평소에 하던 일을 중단해야 합니다. 학생은 공부를 중단해야 하고, 직장인은 노동을 중단해야 하며, 상인은 장사를 중단해야 합니다. 중단으로 끝이 아닙니다. 평소에 하던 일을 중단한 다음에는 예배하는 일을 시작해야 합니다. 공적으로는 교회의 공예배에 참석해야 하고, 사적으로는 평소에 시간을 내기 어려웠던 성경 읽기와 기도, 찬송과 성도의 교제에 힘써야 합니다. 물론 주일에 불가피한 일은 할 수 있습니다. 주일마다 병원과 소방서, 군부대와 경찰서가 문을 닫아 버리면 심각한 문제가 발생할 것입니다. 자비를 베푸는 일도 할 수 있습니다. 예수님은 제사를 드리는 일만큼, 자비를 베푸는 일도 중요하다고 하셨습니다.

안식일을 거룩하게 지키는 방법	
중단하기	평소에 하던 일과 오락
시작하기	예배와 선행

 핵심 성구

일곱째 날은 네 하나님 여호와의 안식일인즉 너나 네 아들이나 네 딸이나 네 남종이나 네 여종이나 네 가축이나 네 문안에 머무는 객이라도 아무 일도 하지 말라 _ 출 20:10

만일 안식일에 네 발을 금하여 내 성일에 오락을 행하지 아니하고 안식일을 일컬어 즐거운 날이라, 여호와의 성일을 존귀한 날이라 하여 이를 존귀하게 여기고 네 길로 행하지 아니하며 네 오락을 구하지 아니하며 사사로운 말을 하지 아니하면 _ 사 58:13

예수께서 그 자라나신 곳 나사렛에 이르사 안식일에 늘 하시던 대로 회당에 들어가사 성경을 읽으려고 서시매 _ 눅 4:16

061

제4계명이 금하는 것은 무엇인가요?

제4계명이 금하는 것은 안식일의 의무를 행하지 않고(겔 22:26), 악한 일을 행함으로써 안식일을 더럽히는 것입니다(겔 23:38).

 간략한 해설

평소에 하던 일을 중단하는 것만으로 주일을 잘 지키는 것이라 할 수 없습니다. 빈둥거리며 게으르게 시간을 보낸다면 불신자가 주말에 쉬는 것과 다르지 않습니다. 주일을 잘 지키기 위해서는 안식일의 의무를 성실하게 수행해야 합니다. 공적 예배와 사적 경건 훈련에 최선을 다해야 합니다. 주일 하루만큼은 하나님 앞에서 거룩하게 살기 위해 노력해야 합니다.

제4계명	예배의 시간
제4계명의 요구	안식일을 거룩하게 지키는 것
제4계명의 금지	안식일을 거룩하게 지키지 않는 것

 핵심 성구

그 제사장들은 내 율법을 범하였으며 나의 성물을 더럽혔으며 거룩함과 속된
것을 구별하지 아니하였으며 부정함과 정한 것을 사람이 구별하게 하지 아니
하였으며 그의 눈을 가리어 나의 안식일을 보지 아니하였으므로 내가 그들
가운데에서 더럽힘을 받았느니라 _ 겔 22:26

이 외에도 그들이 내게 행한 것이 있나니 당일에 내 성소를 더럽히며 내 안식
일을 범하였도다 _ 겔 23:38

062
제4계명에 추가된 내용은 무엇을 의미하나요?

제4계명에 추가된 내용이 의미하는 것은 첫째, 우리의 일을 하도록 6일이 허락되어 있다는 것(출 20:8). 둘째, 주일은 하나님의 소유라는 것(출 20:10). 셋째, 하나님이 친히 모범을 보여 주셨다는 것(출 20:11). 넷째, 안식일을 거룩하게 지키는 자에게 하나님의 복이 약속되어 있다는 것입니다(출 20:11).

 간략한 해설

평소에 하던 일을 중단하기 위해서는 큰 용기가 필요합니다. 학생은 성적이 떨어질 것을 각오해야 하고, 상인은 수입이 줄어들 것을 각오해야 합니다. 하지만 학생이 공부를 하거나, 상인이 장사를 하는 궁극적인 목적이 하나님의 영광임을 감안한다면, 주일 성수로 인하여 성적이 떨어지거나 수입이 줄어드는 것은 오히려 하나님께 영광이 되는 일입니다. 그리고 하나님은 희생을 각오하고 주일을 지키는 자들에게 복을 약속하셨습니다. 우리는 세상의 성공이 아니라 하나님께서 주실 복을 사모하며 힘써 주일을 지켜야 합니다.

제4계명	예배의 시간	
제4계명의 요구	안식일을 거룩하게 지키는 것	
제4계명의 금지	안식일을 거룩하게 지키지 않는 것	
제4계명	안식일을 기억하여 거룩하게 지키라(출 20:8)	안식일은 예배하는 날로 지키라
추가된 내용 (제4계명을 지킬 이유)	엿새 동안은 힘써 네 모든 일을 행할 것이나(출 20:9)	① 우리의 일을 하도록 6일이 허락됨
	일곱째 날은 네 하나님 여호와의 안식일인즉(출 20:10)	② 안식일은 하나님의 소유임
	이는 엿새 동안에 나 여호와가 하늘과 땅과 바다와 그 가운데 모든 것을 만들고 일곱째 날에 쉬었음이라(출 20:11)	③ 하나님께서 친히 모범을 보이셨음
	그러므로 나 여호와가 안식일을 복되게 하여 그날을 거룩하게 하였느니라(출 20:11)	④ 안식일을 거룩하게 지키는 자에게 복을 약속하셨음

 ## 핵심 성구

안식일을 기억하여 거룩하게 지키라 엿새 동안은 힘써 네 모든 일을 행할 것이나 일곱째 날은 네 하나님 여호와의 안식일인즉 너나 네 아들이나 네 딸이나 네 남종이나 네 여종이나 네 가축이나 네 문안에 머무는 객이라도 아무 일도 하지 말라 이는 엿새 동안에 나 여호와가 하늘과 땅과 바다와 그 가운데 모든 것을 만들고 일곱째 날에 쉬었음이라 그러므로 나 여호와가 안식일을 복되게 하여 그 날을 거룩하게 하였느니라 _ 출 20:8-11

063
제5계명은
무엇인가요?

제5계명은 다음과 같습니다. "네 부모를 공경하라 그리하면 네 하나님 여호와가 네게 준 땅에서 네 생명이 길리라"(출 20:12).

 간략한 해설

제5계명은 부모를 공경하는 것입니다. 공경으로 번역된 히브리어 '카바드'는 일차적으로 '무겁다'를 뜻합니다. 여기에서 파생된 이차적인 의미가 '존경하다' 또는 '순종하다'입니다. 부모는 무거운 존재입니다. 하나님께서 부모라는 '권위'를 그들에게 주셨기 때문입니다. 부모를 존경하고 부모에게 순종해야 하는 이유가 여기에 있습니다. 우리는 하나님께서 주신 권위 때문에 부모를 존경하고 부모에게 순종해야 합니다.

| 이웃을 사랑하는 방법 |
| 제5계명 | 권위를 존중하는 것으로 |

 핵심 성구

네 부모를 공경하라 그리하면 네 하나님 여호와가 네게 준 땅에서 네 생명이
길리라 _ 출 20:12

064

제5계명이 명하는 것은 무엇인가요?

제5계명이 명하는 것은 하나님께서 권위를 주신 자들을 존중하는 것입니다(롬 13:1).

 간략한 해설

제5계명에서 말하는 '부모'는 일차적으로는 육신의 부모를 뜻합니다. 하지만 제5계명이 육신의 부모에게만 순종하라고 요구하는 것은 아닙니다. 십계명은 모든 도덕법의 요약이기 때문에 적용은 광의적으로 해야 합니다. 우리는 부모 외에도 하나님께서 권위를 부여해 주신 '모든 윗사람'을 공경해야 합니다.

핵심 성구

각 사람은 위에 있는 권세들에게 복종하라 권세는 하나님으로부터 나지 않음
이 없나니 모든 권세는 다 하나님께서 정하신 바라 _ 롬 13:1

065

제5계명이
금하는 것은 무엇인가요?

제5계명이 금하는 것은 하나님께서 권위를 주신 자들을 존중하지
않는 것입니다(벧전 2:18).

 간략한 해설

존경할 마음이 들지 않는 윗사람에게는 어떻게 행동해야 할
까요? 그런 사람도 존경해야 할까요? 성경은 다음과 같이
말합니다. "사환들아 범사에 두려워함으로 주인들에게 순종
하되 선하고 관용하는 자들에게만 아니라 또한 까다로운 자
들에게도 그리하라". 따라서 내 마음에 들지 않는다고 해서
윗사람에게 불응하는 것은 옳지 않습니다. 그들의 권위조차
도 하나님께서 주신 것이기 때문입니다(롬 13:1). 하지만 성
경이 무조건적 순종을 요구하는 것은 아닙니다. 순종하되
주 안에서 순종해야 합니다(엡 6:1). 하나님의 가르침과 상반
될 때는 순종하지 않아도 됩니다.

제5계명의 요구	각 사람의 권위를 존중하는 것
제5계명의 금지	각 사람의 권위를 존중하지 않는 것

 핵심 성구

사환들아 범사에 두려워함으로 주인들에게 순종하되 선하고 관용하는 자들에게만 아니라 또한 까다로운 자들에게도 그리하라 _ 벧전 2:18

066

제5계명에
추가된 내용은
무엇을 의미하나요?

제5계명에 추가된 내용이 의미하는 것은, 이 계명을 지키는 자들에게 하나님의 복이 약속되어 있다는 것입니다(출 20:12).

 간략한 해설

세상에서는 먼저 존경하고 먼저 순종하는 사람들을 쉽게 찾아볼 수 없습니다. 자신은 상대방을 존경하지 않으면서, 상대방은 자신을 존경해 주길 원하는 것이 타락한 사람의 본성입니다. 그래서 제5계명을 지키는 것은 쉽지 않습니다. 하지만 하나님께 은혜받은 사람은 존경과 순종을 실천하며 살아갈 수 있습니다. 그런 점에서 제5계명을 힘써 지키는 신자의 모습은 하나님이 살아 계시다는 증거입니다. 하나님께서 제5계명을 지키는 자들에게 복을 주시는 것도 이 때문입니다.

제5계명의 요구	각 사람의 권위를 존중하는 것
제5계명의 금지	각 사람의 권위를 존중하지 않는 것
제5계명을 지킬 이유	권위를 존중하는 자에게 하나님의 복이 약속되어 있음

| 제5계명 | 네 부모를 공경하라(출 20:12) | 각 사람의 권위를 존중하라 |
| 추가된 내용 | 그리하면 네 하나님 여호와가 네게 준 땅에서 네 생명이 길리라(출 20:12) | 권위를 존중하는 자에게 하나님의 복이 약속되어 있음 |

 핵심 성구

그리하면 네 하나님 여호와가 네게 준 땅에서 네 생명이 길리라 _ 출 20:12

067

제6계명은
무엇인가요?

제6계명은 다음과 같습니다. "살인하지 말라"(출 20:13).

 간략한 해설

제6계명은 '살생 금지'가 아니라 '살인 금지'입니다. 실수로 개미를 밟아 죽이거나 먹기 위해 돼지를 도축하는 것은 제6계명과 상관없습니다. 하나님께서 사람의 생명을 특별하게 여기시는 이유는 사람이 하나님의 형상이기 때문입니다. 성경은 다음과 같이 말합니다. "다른 사람의 피를 흘리면 그 사람의 피도 흘릴 것이니 이는 하나님이 자기 형상대로 사람을 지으셨음이니라"(창 9:6). 이처럼 사람은 하나님의 형상으로 창조된 고귀한 피조물입니다. 따라서 우리는 모든 사람을 하나님의 형상으로 인정하고, 그들의 생명을 소중하게 여겨야 합니다.

이웃을 사랑하는 방법	
제5계명	권위를 지켜 주는 것으로
제6계명	생명을 지켜 주는 것으로

 핵심 성구

| 살인하지 말라 _ 출 20:13

068

제6계명이
명하는 것은 무엇인가요?

제6계명이 명하는 것은 자신과(엡 5:28-29) 다른 사람의 생명을 보존
하기 위해 노력하라는 것입니다(시 82:3-4).

🌿 간략한 해설

제6계명의 핵심은 모든 사람을 하나님의 형상으로 인정하고
그들의 생명을 소중하게 여기는 것입니다. 그러므로 단지
살인하지 않는 것으로 제6계명을 모두 지켰다고 생각해서
는 안 됩니다. 다른 사람들의 생명을 보존하고, 살리기 위해
적극적으로 노력해야 합니다. 굶주리고 있는 사람이 있다면
먹을 것을 주기 위해 노력해야 하고, 고통받는 사람이 있다
면 아픔을 줄여 주기 위해 노력해야 합니다. 자살 역시 살인
이므로 제6계명을 어기는 일입니다. 다른 사람의 생명을 소
중히 여겨야 한다면, 자신의 생명을 소중히 여기는 것은 말
할 것도 없습니다.

제6계명의 요구	생명을 보존하라
제6계명의 금지	생명을 죽음으로 이끌지 말라

핵심 성구

이와 같이 남편들도 자기 아내 사랑하기를 자기 자신과 같이 할지니 자기 아내를 사랑하는 자는 자기를 사랑하는 것이라 누구든지 언제나 자기 육체를 미워하지 않고 오직 양육하여 보호하기를 그리스도께서 교회에 함과 같이 하나니 _ 엡 5:28-29

가난한 자와 고아를 위하여 판단하며 곤란한 자와 빈궁한 자에게 공의를 베풀지며 가난한 자와 궁핍한 자를 구원하여 악인들의 손에서 건질지니라 하시는도다 _ 시 82:3-4

069

제6계명이
금하는 것은 무엇인가요?

제6계명이 금하는 것은 합법적인 살인을 제외한, 자신과(행 16:28)
다른 사람의 생명을 죽음으로 이끄는 모든 행동입니다(창 9:6).

 간략한 해설

제6계명이 금하지 않는 살인에는 세 가지가 있습니다. 첫째,
국가가 시행하는 사형 제도입니다(미 35:31). 둘째, 이웃의 생
명을 보호하기 위해 전쟁에 나가는 것입니다(행 10:1-2). 셋째,
정당방위입니다(출 22:2). 그 외에 자신과 다른 사람의 생명
을 죽음으로 이끄는 모든 것은 제6계명을 어기는 일입니다.

합법적인 살인	
1. 정당한 공권력의 시행(사형 제도)	고의로 살인죄를 범한 살인자는 생명의 속전을 받지 말고 반드시 죽일 것이며(민 35:31)
2. 합법적인 전쟁 (이웃의 생명과 재산을 보호하기 위한)	가이사랴에 고넬료라 하는 사람이 있으니 이 달리야 부대라 하는 군대의 백부장이라 그가 경건하여 온 집안과 더불어 하나님을 경외하며 백성을 많이 구제하고 하나님께 항상 기도하더니(행 10:1-2)
3. 정당방위	도둑이 뚫고 들어오는 것을 보고 그를 쳐죽이면 피 흘린 죄가 없으나(출 22:2)

 핵심 성구

바울이 크게 소리 질러 이르되 네 몸을 상하지 말라 우리가 다 여기 있노라 하니 _ 행 16:28

다른 사람의 피를 흘리면 그 사람의 피도 흘릴 것이니 이는 하나님이 자기 형상대로 사람을 지으셨음이니라 _ 창 9:6

070
제7계명은
무엇인가요?

제7계명은 다음과 같습니다. "간음하지 말라"(출 20:14).

 간략한 해설

간음은 결혼 제도 밖에서 일어나는 성관계를 의미합니다. 예를 들어, 결혼하지 않은 미혼 남녀의 성관계, 부부가 아닌 두 사람의 성관계가 간음입니다. 따라서 제7계명의 핵심은 '결혼 제도'입니다. 결혼 제도에 있어서 우리가 꼭 알아야 하는 것은, 결혼 제도가 사회적 관습이나 문화의 산물이 아니라는 것입니다. 결혼은 하나님께서 직접 만드신 신성한 제도입니다. 바로 이것이 하나님께서 간음을 금하신 근본 이유입니다. 제7계명은 결혼 제도의 신성함을 지키기 위한 도구입니다.

이웃을 사랑하는 방법	
제5계명	권위를 지켜 주는 것으로
제6계명	생명을 지켜 주는 것으로
제7계명	순결을 지켜 주는 것으로

 핵심 성구

| 간음하지 말라 _ 출 20:14

071

제7계명이
명하는 것은 무엇인가요?

제7계명이 명하는 것은 순결한 생각과(마 5:28) 말과(엡 4:29) 행동입니다(벧전 3:2).

 간략한 해설

결혼한 부부는 한 몸입니다. 부부는 누구보다 친밀한 관계가 되어야 합니다. 바로 이것이 하나님께서 부부에게만 성관계를 허락하신 이유입니다. 부부는 성관계를 통해 서로가 한 몸임을 확인합니다. 그래서 성(性)은 성(聖)스러운 것입니다. 그래서 성은 순결하게 다루어야 합니다. 그래서 신자는 순결한 생각과 말과 행동을 해야 합니다.

순결한 생각	나는 너희에게 이르노니 음욕을 품고 여자를 보는 자마다 마음에 이미 간음하였느니라(마 5:28)
순결한 말	무릇 더러운 말은 너희 입 밖에도 내지 말고 오직 덕을 세우는 데 소용되는 대로 선한 말을 하여 듣는 자들에게 은혜를 끼치게 하라(엡 4:29)
순결한 행동	너희의 두려워하며 정결한 행실을 봄이라(벧전 3:2)

 핵심 성구

나는 너희에게 이르노니 음욕을 품고 여자를 보는 자마다 마음에 이미 간음하였느니라 _ 마 5:28

무릇 더러운 말은 너희 입 밖에도 내지 말고 오직 덕을 세우는 데 소용되는 대로 선한 말을 하여 듣는 자들에게 은혜를 끼치게 하라 _ 엡 4:29

너희의 두려워하며 정결한 행실을 봄이라 _ 벧전 3:2

072

제7계명이
금하는 것은 무엇인가요?

제7계명이 금하는 것은 음란한 생각과 말과 행동입니다(엡 5:3-5).

 간략한 해설

현대에 들어와서 가장 무감각해지고 있는 범죄가 성범죄입니다. 예를 들어, 우리나라에서 불륜은 더 이상 범죄가 아닙니다. 하지만 우리는 음란한 자들에게 임할 하나님의 저주를 심각하게 생각해야 합니다. 하나님은 음란한 자들을 심판하겠다고 말씀하셨습니다. 음란한 생각과 말과 행동은 심판받을 죄악입니다.

제7계명의 요구	순결을 보존하는 것
제7계명의 금지	음란한 생각과 말과 행동을 하는 것

 핵심 성구

음행과 온갖 더러운 것과 탐욕은 너희 중에서 그 이름조차도 부르지 말라 이는 성도에게 마땅한 바니라 누추함과 어리석은 말이나 희롱의 말이 마땅치 아니하니 오히려 감사하는 말을 하라 너희도 정녕 이것을 알거니와 음행하는 자나 더러운 자나 탐하는 자 곧 우상 숭배자는 다 그리스도와 하나님의 나라에서 기업을 얻지 못하리니 _ 엡 5:3-5

073

제8계명은
무엇인가요?

제8계명은 다음과 같습니다. "도둑질하지 말라"(출 20:15).

 간략한 해설

제8계명을 올바르게 지키기 위해서는 두 가지를 유념해야 합니다. 첫째, 사유 재산권입니다. 사유 재산권이란, 나의 재산과 다른 사람의 재산이 구분된다는 개념입니다. 만약 사유 재산권이 인정되지 않는다면, 도둑질이 성립할 수 없습니다. 둘째, 청지기 정신입니다. 청지기 정신이란, 우리가 가진 재산은 만물의 주인이신 하나님께서 잠시 빌려주신 것이라는 개념입니다. 따라서 자기 재산을 낭비하는 것도 도둑질입니다. 하나님의 것을 하나님의 뜻대로 사용하지 않았기 때문입니다. 종합하면 제8계명을 잘 지키기 위해서는 사유 재산권과 청지기 정신이 조화를 이뤄야 합니다. 첫째, 이웃의 사유 재산권을 인정해야 합니다. 이웃의 재산에 피해를 주지 않도록 노력해야 한다는 말입니다. 둘째, 자신의 사유 재산을 기꺼이 포기하고, 언제든 하나님의 뜻대로 사용할 수 있어야 합니다.

이웃을 사랑하는 방법	
제5계명	권위를 지켜 주는 것으로
제6계명	생명을 지켜 주는 것으로
제7계명	순결을 지켜 주는 것으로
제8계명	재산을 지켜 주는 것으로

 핵심 성구

| 도둑질하지 말라 _ 출 20:15

074

제8계명이
명하는 것은 무엇인가요?

제8계명이 명하는 것은 자신과 이웃의 재산을 합법적으로 증진시
키는 것입니다(엡 4:28).

 간략한 해설

성경은 도둑질의 반대말이 '구제'라고 말합니다(엡 4:28). 따
라서 도둑질을 하지 않는 것만으로 제8계명을 다 지켰다고
생각해서는 안 됩니다. 제8계명을 온전히 지키기 위해서는
다른 사람의 재산과 부가 증진하도록 해야 합니다. 굶주리
는 자에게는 먹을 것을 주고, 병든 자에게는 치료비를 주어
야 합니다. 다른 사람에게 물질적인 도움을 주기 위해서는
재산이 있어야 합니다. 따라서 자기 일을 성실하게 하는 것
도 제8계명을 지키는 것입니다.

핵심 성구

도둑질하는 자는 다시 도둑질하지 말고 돌이켜 가난한 자에게 구제할 수 있
도록 자기 손으로 수고하여 선한 일을 하라 _ 엡 4:28

075

제8계명이
금하는 것은 무엇인가요?

제8계명이 금하는 것은 자신과 이웃의 재산에 손해를 끼치는 것입니다(잠 28:19-20).

 간략한 해설

제8계명은 자기 재산으로 다른 사람을 도와줘야 한다고 요구합니다. 그래서 제8계명을 잘 지키기 위해서는 성실하게 일을 해야 합니다. 그런데 적잖은 사람들이 성실하게 살기보다 불로소득을 통해 재산을 불리려고 합니다. 대표적인 것이 도박과 복권입니다. 도박과 복권은 자신의 인생을 하나님의 섭리가 아니라 행운에 맡긴다는 점에서 비성경적입니다. 은밀하게 다른 사람의 재산에 피해를 주는 것도 제8계명을 어기는 일입니다. 예를 들어 과대 포장과 과대광고, 투기와 주가 조작 등이 여기에 포함됩니다.

제8계명의 요구	재산을 합법적으로 증진시키는 것
제8계명의 금지	재산에 손해를 끼치는 것

 핵심 성구

자기의 토지를 경작하는 자는 먹을 것이 많으려니와 방탕을 따르는 자는 궁
핍함이 많으리라 충성된 자는 복이 많아도 속히 부하고자 하는 자는 형벌을
면하지 못하리라 _ 잠 28:19-20

076

제9계명은
무엇인가요?

제9계명은 다음과 같습니다. "네 이웃에 대하여 거짓 증거하지 말라"(출 19:16).

 간략한 해설

제6계명을 어기면 생명이 사라집니다. 제7계명을 어기면 순결이 사라집니다. 제8계명을 어기면 재산이 사라집니다. 제9계명을 어기면 무엇이 사라질까요? 명예입니다. 우리가 누군가에 대해서 거짓말을 하는 순간, 상대방은 명예를 잃어버리게 됩니다. 나봇의 포도원 사건이 대표적입니다(왕상 21장). 아합은 나봇의 포도원을 탐냈습니다. 아합은 나봇이 하나님을 저주했다고 거짓말했습니다. 결국 나봇은 하나님을 저주한 사람이라는 누명을 쓰고 죽었습니다. 이때 나봇이 잃어버린 것은 두 가지입니다. 생명과 명예입니다. 이처럼, 거짓말은 필연적으로 상대방의 명예를 훼손합니다. 그러므로 제9계명은 명예를 지켜 줌으로써, 상대방을 사랑하라는 계명입니다.

이웃을 사랑하는 방법	
제5계명	권위를 지켜 주는 것으로
제6계명	생명을 지켜 주는 것으로
제7계명	순결을 지켜 주는 것으로
제8계명	재산을 지켜 주는 것으로
제9계명	명예를 지켜 주는 것으로

 핵심 성구

| 네 이웃에 대하여 거짓 증거하지 말라 _ 출 19:16

077

제9계명이
명하는 것은 무엇인가요?

> 제9계명이 명하는 것은 자신과 이웃의 명예를 지키고 증진하는
> 것입니다(슥 8:16-17).

 간략한 해설

진실을 말하는 것은 특히 증인에게 요구되는 의무입니다.
지금도 증인들은 재판정에서 진실만을 말할 것을 맹세한 후
증언을 합니다. 고대 사회에서는 증인의 역할이 더 중요했
습니다. 고대에는 지금처럼 과학적이고 체계적인 수사가 없
었습니다. 증인의 증언이 재판을 판가름하는 결정적인 요소
였습니다. 그래서 악인들은 증인을 매수하여 그릇된 판결을
이끌어 내곤 했습니다. 유대 지도자들이 예수님을 처형하기
위해 증인을 매수한 경우가 대표적입니다. 제9계명이 꼭 재
판정만 염두에 두고 있는 것은 아닙니다. 일상에서의 거짓
말도 재판정에서의 거짓말처럼 큰 악영향을 가져옵니다. 우
리는 삶의 모든 영역에서 사실만을 말해야 하고, 그리하여
이웃의 명예를 지켜 주어야 합니다.

제9계명의 요구	명예를 지켜 주는 것

 핵심 성구

너희가 행할 일은 이러하니라 너희는 이웃과 더불어 진리를 말하며 너희 성문에서 진실하고 화평한 재판을 베풀고 마음에 서로 해하기를 도모하지 말며 거짓 맹세를 좋아하지 말라 이 모든 일은 내가 미워하는 것이니라 여호와의 말이니라 _ 슥 8:16-17

078

제9계명이 금하는 것은 무엇인가요?

제9계명이 금하는 것은 자신과 이웃의 명예를 훼손하는 것입니다 (레 19:16).

 간략한 해설

우리가 제9계명을 어길 때, 크게 두 가지 문제가 발생합니다. 첫째, 이웃의 명예가 훼손됩니다. 둘째, 복음 전파가 가로막힙니다. 거짓말쟁이가 전하는 복음을 사람들은 신뢰하지 않을 것이기 때문입니다. 그러므로 우리는 진리의 사람이 되어야 합니다. 이를 위해서는 다음의 세 가지 원칙을 지켜야 합니다. 첫째, 가급적이면 다른 사람에 대해서 말하는 것을 삼가야 합니다. 둘째, 부정적인 소문일수록 신중하게 받아들여야 합니다. 셋째, 사실을 왜곡하거나 과장해서 전달하지 말아야 합니다.

| 제9계명의 요구 | 명예를 지켜 주는 것 |
| 제9계명의 금지 | 명예를 훼손하는 것 |

핵심 성구

너는 네 백성 중에 돌아다니며 사람을 비방하지 말며 네 이웃의 피를 흘려 이익을 도모하지 말라 나는 여호와이니라 _ 레 19:16

079

제10계명은
무엇인가요?

제10계명은 다음과 같습니다. "네 이웃의 집을 탐내지 말라 네 이웃의 아내나 그의 남종이나 그의 여종이나 그의 소나 그의 나귀나 무릇 네 이웃의 소유를 탐내지 말라"(출 20:17).

 간략한 해설

제10계명은 탐심을 금합니다. 탐심이란, 자기 처지에 만족하지 않고 다른 사람을 시기하는 마음입니다. 하나님께서 탐심을 금하시는 이유는, 탐심이 악행의 뿌리가 되기 때문입니다. "돈을 사랑함이 일만 악의 뿌리가 되나니 이것을 탐내는 자들은 미혹을 받아 믿음에서 떠나 많은 근심으로써 자기를 찔렀도다"(딤전 6:10). 탐심의 반대는 자족입니다. 자족이란, 자기 처지에 온전히 만족하고 다른 사람이 잘 되기를 바라는 마음입니다. 하나님께서 자족을 명하시는 이유는, 자족이 선행의 뿌리가 되기 때문입니다. "그러나 자족하는 마음이 있으면 경건은 큰 이익이 되느니라"(딤전 6:6).

이웃을 사랑하는 방법	
제5계명	권위를 지켜 주는 것으로
제6계명	생명을 지켜 주는 것으로
제7계명	순결을 지켜 주는 것으로
제8계명	재산을 지켜 주는 것으로
제9계명	명예를 지켜 주는 것으로
제10계명	시기하지 않는 것으로

 핵심 성구

네 이웃의 집을 탐내지 말라 네 이웃의 아내나 그의 남종이나 그의 여종이나
그의 소나 그의 나귀나 무릇 네 이웃의 소유를 탐내지 말라 _ 출 20:17

080

제10계명이 명하는 것은 무엇인가요?

제10계명이 명하는 것은 자신의 소유와 처지에 온전히 만족하고 (히 13:5), 이웃이 잘되기를 바라는 것입니다(롬 12:15).

 간략한 해설

제10계명은 이웃의 소유를 탐내지 말라고 요구합니다. 이것은 이웃을 시기하지 말라는 뜻입니다. 누구도 시기하는 대상을 사랑할 수 없습니다. 따라서 자신의 소유에 만족하는 것과 시기심을 제거하는 것은 이웃을 사랑하기 위한 필수 요소입니다. 시기심 대신 우리가 가져야 하는 것은 이웃이 잘 되기를 바라는 마음입니다. "즐거워하는 자들과 함께 즐거워하고 우는 자들과 함께 울라"(롬 12:15). 우리는 이 말씀처럼 이웃의 성공을 함께 기뻐하고, 이웃의 고통을 함께 슬퍼해야 합니다.

| 제10계명의 요구 | 자신에게 만족하고 이웃이 잘되기를 바라는 것 |

 핵심 성구

돈을 사랑하지 말고 있는 바를 족한 줄로 알라 그가 친히 말씀하시기를 내가 결코 너희를 버리지 아니하고 너희를 떠나지 아니하리라 하셨느니라
_ 히 13:5

즐거워하는 자들과 함께 즐거워하고 우는 자들과 함께 울라 _ 롬 12:15

081

제10계명이
금하는 것은 무엇인가요?

제10계명이 금하는 것은 자신의 소유와 처지에 불만을 가지고(왕상 21:4), 이웃이 잘되는 것을 시기하는 것입니다(골 3:5).

 간략한 해설

제10계명은 자신의 소유에 온전히 만족할 것을 요구합니다. 따라서 자신의 처지에 불만을 가지는 것은 제10계명을 어기는 일입니다. 대표적인 사람이 아합입니다. 아합은 북이스라엘의 왕으로 엄청난 재산을 소유하고 있었습니다. 그럼에도 불구하고 자신의 처지에 불만을 가졌습니다. 그는 나봇의 포도원을 탐냈고, 나봇을 시기했습니다. 결국 포도원을 가지기 위해 나봇을 죽이기까지 했습니다. 이처럼 자신의 처지에 불만을 품는 것은 영적으로 매우 위험한 일입니다. 자족하지 못하는 사람은 필연적으로 시기심을 갖게 되고, 시기심에 사로잡힌 사람은 이웃에게 악을 행하기 쉽기 때문입니다.

제10계명의 요구	자신에게 만족하고 이웃이 잘되기를 바라는 것
제10계명의 금지	자신에게 만족하지 않고 이웃을 시기하는 것

핵심 성구

이스르엘 사람 나봇이 아합에게 대답하여 이르기를 내 조상의 유산을 왕께 줄 수 없다 하므로 아합이 근심하고 답답하여 왕궁으로 돌아와 침상에 누워 얼굴을 돌리고 식사를 아니하니 _ 왕상 21:4

그러므로 땅에 있는 지체를 죽이라 곧 음란과 부정과 사욕과 악한 정욕과 탐심이니 탐심은 우상 숭배니라 _ 골 3:5

082

사람이 십계명을
완전하게 지킬 수 있나요?

타락한 인간은 십계명을 완전하게 지킬 수 없습니다(전 7:20). 오히려 매 순간 생각과 말과 행동으로 십계명을 어길 뿐입니다.

 간략한 해설

십계명을 완전하게 지킬 수 있는 사람은 없습니다. 죄와 타락 때문입니다. 고장 난 기계가 정상적으로 작동하지 않는 것처럼, 죄를 짓고 타락한 인간은 십계명을 지키기에 전적으로 무력합니다. 오히려 사람들은 날마다 생각과 말과 행동으로 십계명을 어깁니다.

생각으로 십계명을 어김	여호와께서 사람의 죄악이 세상에 가득함과 그의 마음으로 생각하는 모든 계획이 항상 악할 뿐임을 보시고(창 6:5)
말로 십계명을 어김	그들의 목구멍은 열린 무덤이요 그 혀로는 속임을 일삼으며 그 입술에는 독사의 독이 있고 그 입에는 저주와 악독이 가득하고(롬 3:13-14)
행동으로 십계명을 어김	그들이 이 같은 일을 행하는 자는 사형에 해당한다고 하나님께서 정하심을 알고도 자기들만 행할 뿐 아니라 또한 그런 일을 행하는 자들을 옳다 하느니라(롬 1:32)

 핵심 성구

선을 행하고 전혀 죄를 범하지 아니하는 의인은 세상에 없기 때문이로다
_ 전 7:20

083

사람이 십계명을 완전하게 지킬 수 없는데도, 십계명을 지키기 위해 노력해야 하나요?

사람이 십계명을 지키기 위해 노력하지 않는 것은 하나님 앞에서 더 큰 범죄입니다(요 19:11).

🌾 간략한 해설

어떤 죄는 다른 죄보다 더 심각합니다. 예를 들어, 고의적으로 짓는 죄는 실수로 짓는 죄보다, 행동으로 짓는 죄는 생각으로 짓는 죄보다, 자랑스럽게 짓는 죄는 부끄러워하며 짓는 죄보다, 습관적으로 짓는 죄는 일시적으로 짓는 죄보다 더 심각합니다. 그러므로 십계명을 다 지킬 수 없을지라도, 십계명을 지키기 위해서 최선을 다해 노력해야 합니다.

고의로 짓는 죄는 더 악함	고의로 살인죄를 범한 살인자는 생명의 속전을 받지 말고 반드시 죽일 것이며(민 35:31)
계획적으로 짓는 죄는 더 악함	분을 내어도 죄를 짓지 말며 해가 지도록 분을 품지 말고(엡 4:26)
자랑스럽게 짓는 죄는 더 악함	포악한 자여 네가 어찌하여 악한 계획을 스스로 자랑하는가 하나님의 인자하심은 항상 있도다(시 52:1)
습관적으로 짓는 죄는 더 악함	그의 탐심의 죄악으로 말미암아 내가 노하여 그를 쳤으며 또 내 얼굴을 가리고 노하였으나 그가 아직도 패역하여 자기 마음의 길로 걸어가도다(사 57:17)

핵심 성구

예수께서 대답하시되 위에서 주지 아니하셨더라면 나를 해할 권한이 없었으리니 그러므로 나를 네게 넘겨 준 자의 죄는 더 크다 하시니라 _ 요 19:11

084

죄를 지으면
어떻게 되나요?

> 죄를 지으면 이 세상과 다음 세상에서 하나님의 진노와 저주를 받습니다(엡 5:6).

 간략한 해설

하나님의 형벌과 상관없는 죄는 없습니다. 아무리 사소한 죄라도 하나님의 진노와 저주를 받기에 충분합니다(약 2:10). 죄는 율법을 어기는 일입니다(요일 3:4). 율법을 어기는 것은, 율법을 주신 하나님을 대적하는 일입니다. 외적으로는 사소한 율법 하나 어긴 것처럼 보일지라도, 그 이면에는 하나님을 향한 반역이 자리잡고 있습니다. 따라서 모든 죄는, 그것이 비록 가장 작은 죄라 할지라도, 현세와 내세에서 하나님의 진노와 저주를 받아야 마땅합니다.

이 세상에서 받는 진노와 저주	지혜로운 자는 영광을 기업으로 받거니와 미련한 자의 영달함은 수치가 되느니라(잠 3:39)
다음 세상에서 받는 진노와 저주	또 왼편에 있는 자들에게 이르시되 저주를 받은 자들아 나를 떠나 마귀와 그 사자들을 위하여 예비된 영원한 불에 들어가라(마 25:41)

 핵심 성구

누구든지 헛된 말로 너희를 속이지 못하게 하라 이로 말미암아 하나님의 진노가 불순종의 아들들에게 임하나니 _ 엡 5:6

085

하나님의 진노와 저주를 피할 수 있는 방법은 무엇인가요?

> 하나님의 진노와 저주를 피하기 위해서는 예수님을 믿어야 하고 (행 16:30-31), 자기 죄를 회개해야 합니다(눅 13:3). 그리고 은혜의 방편들을 부지런히 사용해야 합니다(잠 2:1-5).

🌱 간략한 해설

모든 사람은 하나님 앞에서 죄인입니다. 하나님의 진노와 저주를 피하기 위해서는 자신이 죄인인 것을 인정해야 합니다. 우리가 받아야 할 형벌을 예수님이 대신 받으셨음을 믿고, 그분이 나의 구주이심을 믿어야 합니다. 나아가 죄를 혐오하고, 죄를 반복하지 않도록 노력해야 합니다. 이것을 회개라고 합니다. 우리가 회개할 수 있는 근거는 예수님입니다. 우리가 받아야 할 형벌을 예수님께서 대신 받지 않으셨다면, 우리가 아무리 회개한들 죄 용서는 불가능합니다. 하나님은 죄에 침묵하지 않으시는 공의로운 분이시기 때문입니다. 그래서 회개와 믿음은 한 짝입니다. 예수님을 믿는 사람만이 진정으로 회개할 수 있고, 진정으로 회개하는 사람은 예수님만 의지합니다. 따라서 하나님의 진노와 저주를 피하기 위해서는 하나님께서 은혜를 주시는 도구들도 성실하게 사용해야 합니다. 이것들을 은혜의 방편(수단)이라고 합니다. 말씀, 성례, 기도가 여기에 포함됩니다.

하나님의 진노와 저주를 피하는 방법	1. 예수님을 믿는 믿음	
	2. 참된 회개	
	3. 은혜의 방편	말씀
		성례
		기도

 핵심 성구

너희에게 이르노니 아니라 너희도 만일 회개하지 아니하면 다 이와 같이 망하리라 _ 눅 13:3

그들을 데리고 나가 이르되 선생들이여 내가 어떻게 하여야 구원을 받으리이까 하거늘 이르되 주 예수를 믿으라 그리하면 너와 네 집이 구원을 받으리라 하고 _ 행 16:30

내 아들아 네가 만일 나의 말을 받으며 나의 계명을 네게 간직하며 네 귀를 지혜에 기울이며 네 마음을 명철에 두며 지식을 불러 구하며 명철을 얻으려고 소리를 높이며 은을 구하는 것 같이 그것을 구하며 감추어진 보배를 찾는 것 같이 그것을 찾으면 여호와 경외하기를 깨달으며 하나님을 알게 되리니 _ 잠 2:1-5

086

예수님을 믿는
믿음이란 무엇인가요?

예수님을 믿는 믿음이란 하나님께서 주시는 은혜인데(엡 2:8), 예수
님을 구원자로 영접하고(요 1:12), 오직 예수님만 의지하는 것입니
다(행 4:12).

 간략한 해설

'믿음'을 자신의 공로로 생각하는 사람들이 있습니다. 다른
사람들은 믿지 않아서 심판을 받지만, 자신은 믿어서 구원
을 받는다는 것입니다. 그러나 성경은 믿음조차도 하나님
의 선물이라고 말합니다. 따라서 구원은 '믿음이라는 공로'
의 결과가 아닙니다. '믿음조차도 선물'로 주신 하나님의 은
혜입니다. 믿음에는 크게 두 가지 요소가 있습니다. 첫째,
예수님을 구원자로 영접하는 것입니다. 영접이란 받아들인
다는 뜻입니다. 따라서 예수님을 구원자로 받아들이는 것이
믿음입니다. 둘째, 오직 예수님만 의지하는 것입니다. 예를
들어 자신의 구원이 절반은 예수님 때문이요, 절반은 자신
의 선행 때문이라고 생각하는 것은 참된 믿음이 아닙니다.
참된 믿음이란, 구원받기 위해 오직 예수님만 의지하는 것
입니다.

| 참된 믿음 | 1. 예수님을 구원자로 영접하는 것 |
| | 2. 구원받기 위해 예수님만 의지하는 것 |

핵심 성구

너희는 그 은혜에 의하여 믿음으로 말미암아 구원을 받았으니 이것은 너희에게서 난 것이 아니요 하나님의 선물이라 _ 엡 2:8

영접하는 자 곧 그 이름을 믿는 자들에게는 하나님의 자녀가 되는 권세를 주셨으니 _ 요 1:12

다른 이로써는 구원을 받을 수 없나니 천하 사람 중에 구원을 받을 만한 다른 이름을 우리에게 주신 일이 없음이라 하였더라 _ 행 4:12

087

참된 회개란
무엇인가요?

참된 회개란 하나님께서 주시는 은혜인데(행 11:18), 자기 죄를 인정하고 슬퍼하며 미워하여(시 51:3; 행 2:37; 겔 36:31), 하나님의 자비를 의지하면서(시 51:1), 하나님께 순종하는 새로운 삶을 사는 것입니다(시 119:59-60).

 간략한 해설

회개 역시 하나님께서 주시는 은혜입니다. 우리가 회개할 수 있는 것은 하나님께서 먼저 은혜를 베푸셨기 때문입니다. 믿음을 자랑할 수 없는 것처럼, 회개도 자랑할 수 없습니다. 믿음이 선물이듯, 회개도 선물입니다. 하나님은 참으로 회개하는 자의 죄를 용서하시고, 죄인이 마땅히 받아야 할 저주와 진노를 거두어 주십니다. 참된 회개라고 말하는 이유는, 거짓 회개도 있기 때문입니다. 예를 들어, 자기 죄를 인정하면서도 그것을 슬퍼하거나 미워하지 않는다면 참된 회개가 아닙니다. 또 자기 죄를 슬퍼하고 미워할지라도 행동을 고치지 않으면 참된 회개가 아닙니다. 참된 회개가 가능한 근거는 하나님의 자비입니다. 하나님은 자비로운 분입니다. 하나님은 참으로 회개하는 자를 긍휼히 여기십니다. 그래서 우리는 담대히 우리의 죄를 자백할 수 있습니다.

참된 회개의 요소들	죄를 인정함
	죄를 슬퍼함
	죄를 미워함
	자비를 의지함
	새롭게 순종함

 핵심 성구

그들이 이 말을 듣고 잠잠하여 하나님께 영광을 돌려 이르되 그러면 하나님께서 이방인에게도 생명 얻는 회개를 주셨도다 하니라 _ 행 11:18

무릇 나는 내 죄과를 아오니 내 죄가 항상 내 앞에 있나이다 _ 시 51:3

그들이 이 말을 듣고 마음에 찔려 베드로와 다른 사도들에게 물어 이르되 형제들아 우리가 어찌할꼬 하거늘 _ 행 2:37

그 때에 너희가 너희 악한 길과 너희 좋지 못한 행위를 기억하고 너희 모든 죄악과 가증한 일로 말미암아 스스로 밉게 보리라 _ 겔 36:31

하나님이여 주의 인자를 따라 내게 은혜를 베푸시며 주의 많은 긍휼을 따라 내 죄악을 지워 주소서 _ 시 51:1

내가 내 행위를 생각하고 주의 증거들을 향하여 내 발길을 돌이켰사오며 주의 계명들을 지키기에 신속히 하고 지체하지 아니하였나이다 _ 시 119:59-60

088

하나님은 무엇을 통해서
우리에게 은혜를 주시나요?

하나님은 일반적으로 말씀과 성례와 기도를 통해서 은혜를 주십니다. 그래서 이 세 가지를 은혜의 방편이라고 합니다.

 간략한 해설

하나님께서 은혜를 주시는 방법은 다양합니다. 어떤 사람에게는 고난을 통해서 은혜를 주십니다. 사람들은 고난 속에서 자신의 신앙을 새롭게 합니다. 어떤 사람에게는 성공을 통해서 은혜를 주십니다. 사람들은 성공을 통해서 하나님께 영광을 돌립니다. 그런데 이런 것들은 일반적이지 않습니다. 하나님께서 모든 사람에게 고난과 성공을 통해서 은혜를 주시지는 않습니다. 그렇다면 하나님께서 은혜를 베푸시는 일반적인 방법은 무엇일까요? 말씀과 성례와 기도입니다. 말씀과 성례는 둘 다 복음의 통로입니다. 그래서 말씀을 '듣는 복음', 성례를 '보는 복음'이라고도 합니다. 차이점도 있습니다. 말씀은 독자적으로 은혜의 방편이 되지만, 성례는 말씀과 함께할 때 은혜의 방편이 됩니다. 말씀은 신앙이 생겨나게 하지만, 성례만으로는 신앙이 생겨나지 않습니다. 말씀은 모든 사람에게 전해야 하지만, 성례는 참된 신자에게만 허락됩니다.

말씀과 성례

<table>
<tr><td rowspan="3">공통점</td><td>1. 두 가지 모두 하나님께서 제정하셨다.</td></tr>
<tr><td>2. 두 가지 모두 은혜의 방편이다.</td></tr>
<tr><td>3. 두 가지 모두 그리스도를 보여 준다.</td></tr>
<tr><td rowspan="3">차이점</td><td>1. 말씀은 혼자서 은혜의 방편이 되지만,
성례는 말씀과 함께할 때 은혜의 방편이 된다.</td></tr>
<tr><td>2. 말씀은 신앙이 생겨나게 하지만,
성례만으로는 신앙이 생겨나지 않는다.</td></tr>
<tr><td>3. 말씀은 모든 사람에게 전해야 하지만,
성례는 참된 신자만 참여할 수 있다.</td></tr>
</table>

은혜의 방편

<table>
<tr><td>말씀</td><td>내가 너희에게 분부한 모든 것을 가르쳐 지키게 하라(마 28:20)</td></tr>
<tr><td rowspan="2">성례</td><td>그러므로 너희는 가서 모든 민족을 제자로 삼아 아버지와 아들과 성령의 이름으로 세례를 베풀고(마 28:19)</td></tr>
<tr><td>그들이 사도의 가르침을 받아 서로 교제하고 떡을 떼며 오로지 기도하기를 힘쓰니라(행 2:42)</td></tr>
<tr><td>기도</td><td>모든 기도와 간구를 하되 항상 성령 안에서 기도하고 이를 위하여 깨어 구하기를 항상 힘쓰며 여러 성도를 위하여 구하라(엡 6:18)</td></tr>
</table>

089

말씀이 어떻게
은혜의 방편인가요?

말씀이 은혜의 방편인 것은, 성령 하나님께서(요 14:26) 말씀 읽기
(신 17:19)와 설교(행 8:30-31)를 통해서 죄인을 회개하게 하고(행 2:37)
거룩하게(딤후 3:16-17) 하시기 때문입니다.

 간략한 해설

말씀이 은혜의 방편이 되는 것은 성령님 때문입니다. 성령
님은 말씀을 읽는 것과 설교하는 것을 통해서 우리에게 은
혜를 주십니다. 성령님이 말씀을 사용하시기 때문에, 말씀
을 읽고 듣는 사람은 자신의 죄를 깨닫고, 거룩하게 변합니
다. 그래서 은혜받고 성장하길 원하는 사람은 반드시 말씀
을 가까이해야 합니다. 부지런히 말씀을 읽고, 설교를 들어
야 합니다.

| 말씀에서
은혜를
받으려면? | 개인적으로 성경을 읽어야 함 |
| | 공예배에 참석해서 설교를 들어야 함 |

 ## 핵심 성구

보혜사 곧 아버지께서 내 이름으로 보내실 성령 그가 너희에게 모든 것을 가르치고 내가 너희에게 말한 모든 것을 생각나게 하리라 _ 요 14:26

평생에 자기 옆에 두고 읽어 그의 하나님 여호와 경외하기를 배우며 이 율법의 모든 말과 이 규례를 지켜 행할 것이라 _ 신 17:19

빌립이 달려가서 선지자 이사야의 글 읽는 것을 듣고 말하되 읽는 것을 깨닫느냐 대답하되 지도해 주는 사람이 없으니 어찌 깨달을 수 있느냐 하고 빌립을 청하여 수레에 올라 같이 앉으라 하니라 _ 행 8:30-31

그들이 이 말을 듣고 마음에 찔려 베드로와 다른 사도들에게 물어 이르되 형제들아 우리가 어찌할꼬 하거늘 _ 행 2:37

모든 성경은 하나님의 감동으로 된 것으로 교훈과 책망과 바르게 함과 의로 교육하기에 유익하니 이는 하나님의 사람으로 온전하게 하며 모든 선한 일을 행할 능력을 갖추게 하려 함이라 _ 딤후 3:16-17

090

설교를 통해 은혜를 받으려면
어떻게 해야 하나요?

설교를 통해 은혜를 받으려면 우선 기도로 준비해야 하고(살후 3:1),
설교를 하나님의 말씀으로 믿어야 합니다(벧후 1:21). 그리고 삶으
로 실천해야 합니다(약 1:22).

 간략한 해설

하나님은 설교를 듣는 자들에게 세 가지를 요구하십니다. 첫
째, 준비입니다. 바울은 자신의 말씀 사역을 위해 성도들에
게 기도를 부탁했습니다(살후 3:1). 따라서 우리는 설교를 듣
기 전에 설교자를 위해 기도해야 하며, 동시에 우리 자신을
위해서도 기도해야 합니다. 둘째, 믿음입니다. 베드로는, 설
교는 사람의 말이 아니라 하나님의 말씀이라고 했습니다(벧
후 1:21). 우리 역시 설교가 설교자의 사견이 아니라 하나님
의 말씀이라는 믿음을 가져야 합니다. 셋째, 실천입니다(약
1:22). 야고보는 설교를 듣기만 하는 것은 자신을 속이는 일
이라고 했습니다. 설교는 우리의 삶에서 실천되어야 합니다.
단지 듣기만 하는 것이 아니라 실천하려고 노력할 때, 우리
의 신앙은 성숙하게 됩니다.

설교를 통해 은혜를 받으려면?	준비	기도로 준비해야 함
	믿음	하나님의 말씀으로 믿어야 함
	실천	삶으로 실천해야 함

 핵심 성구

끝으로 형제들아 너희는 우리를 위하여 기도하기를 주의 말씀이 너희 가운데서와 같이 퍼져 나가 영광스럽게 되고 _ 살후 3:1

예언은 언제든지 사람의 뜻으로 낸 것이 아니요 오직 성령의 감동하심을 받은 사람들이 하나님께 받아 말한 것임이라 _ 벧후 1:21

너희는 말씀을 행하는 자가 되고 듣기만 하여 자신을 속이는 자가 되지 말라 _ 약 1:22

091

성례가 어떻게
은혜의 방편인가요?

> 성례가 은혜의 방편인 것은, 성례 자체나 성례를 행하는 사람 때문이 아니라(고전 3:6-7), 그리스도께서 성례를 통해 은혜를 주시고(고전 11:23) 성령님께서 성례를 통해 일하시기 때문입니다(고전 12:13).

 간략한 해설

로마 가톨릭은 성례 자체에 효력이 있다고 주장합니다. 성찬에 사용하는 빵과 포도주가 실제 예수님의 살과 피로 바뀐다는 '화체설'이 대표적입니다. 이것은 성경적 근거가 없는 미신입니다. 로마 가톨릭은 성례를 행하는 사람에게서 은혜가 나온다고 주장하기도 합니다. 하지만 성경은 은혜를 주시는 분이 하나님 한 분밖에 없다고 말합니다. 따라서 성례의 은혜는 성례 자체나 성례를 행하는 사람에게 달려 있지 않습니다. 그렇다면 성례의 은혜는 어디에서 올까요? 성례를 행하라고 명하신 예수님과(고전 11:23) 성례를 통해 일하시는 성령님에게서 옵니다(고전 12:13).

로마 가톨릭의 가르침	성례의 은혜는 성례 자체에서 온다.
로마 가톨릭의 가르침	성례의 은혜는 성례를 집례하는 자들에게서 온다.
성경의 가르침	예수님께서 성례를 통해 은혜를 주신다.
성경의 가르침	성령님께서 성례를 통해 일하신다.

 핵심 성구

나는 심었고 아볼로는 물을 주었으되 오직 하나님께서 자라나게 하셨나니 그
런즉 심는 이나 물 주는 이는 아무것도 아니로되 오직 자라게 하시는 이는 하
나님뿐이니라 _ 고전 3:6-7

내가 너희에게 전한 것은 주께 받은 것이니 곧 주 예수께서 잡히시던 밤에 떡
을 가지사 _ 고전 11:23

우리가 유대인이나 헬라인이나 종이나 자유인이나 다 한 성령으로 세례를 받
아 한 몸이 되었고 또 다 한 성령을 마시게 하셨느니라 _ 고전 12:13

092

성례란
무엇인가요?

성례란, 은혜 언약을 눈으로 볼 수 있도록(갈 3:27; 고전 10:16-17) 예수
님께서 제정하신 거룩한 예식입니다(마 28:19; 고전 11:23-24).

 간략한 해설

언약에는 크게 두 종류가 있습니다. 행위 언약과 은혜 언약
입니다. 행위 언약은 율법에 순종하는 행위를 통해 구원하
시겠다는 약속이고, 은혜 언약은 예수님을 믿는 믿음을 통
해 구원하시겠다는 약속입니다. 아담이 타락한 이후로는 아
무도 행위 언약으로 구원을 얻을 수 없습니다. 아무도 율법
을 다 지킬 수 없기 때문입니다. 따라서 지금은 은혜 언약으
로만 구원을 얻을 수 있습니다. 하나님은 두 가지를 통해 우
리가 은혜 언약의 혜택을 누리고 있음을 알려 주십니다. 설
교와 성례입니다. 설교는 은혜 언약을 귀로 들려주는 것이
고, 성례는 은혜 언약을 눈으로 보여 주는 것입니다.

설교	은혜 언약을 귀로 들려줌
성례	은혜 언약을 눈으로 보여 줌

핵심 성구

누구든지 그리스도와 합하기 위하여 세례를 받은 자는 그리스도로 옷 입었느니라 _ 갈 3:27

우리가 축복하는 바 축복의 잔은 그리스도의 피에 참여함이 아니며 우리가 떼는 떡은 그리스도의 몸에 참여함이 아니냐 떡이 하나요 많은 우리가 한 몸이니 이는 우리가 다 한 떡에 참여함이라 _ 고전 10:16-17

그러므로 너희는 가서 모든 민족을 제자로 삼아 아버지와 아들과 성령의 이름으로 세례를 베풀고 _ 마 28:19

내가 너희에게 전한 것은 주께 받은 것이니 곧 주 예수께서 잡히시던 밤에 떡을 가지사 축사하시고 떼어 이르시되 이것은 너희를 위하는 내 몸이니 이것을 행하여 나를 기념하라 하시고 _ 고전 11:23

093

성례는
어떤 것들이 있나요?

구약의 성례는 할례와 유월절 식사이고, 신약의 성례는 세례와(마 28:19) 성찬입니다(고전 11:23-26).

 간략한 해설

구약의 성례는 할례와 유월절 식사입니다. 할례는 세상에 속한 자가 하나님께 속한 자로 소속이 변경되었음을 나타내는 의식입니다. 유월절 식사는 출애굽의 구원 사건을 기념하는 거룩한 식사입니다. 구약의 성례는 오실 예수님을 예고하는 것이므로, 실제로 예수님께서 오신 이후로는 폐지되었습니다. 지금은 예수님께서 제정하신 세례와 성찬을 시행합니다. 세례는 할례를 계승하고 있고, 성찬은 유월절 식사를 계승합니다.

구약		신약
할례	세상에 속한 자에서 하나님께 속한 자가 되었음을 나타내는 의식	세례
유월절	구원을 기념하는 거룩한 식사	성찬

 핵심 성구

그러므로 너희는 가서 모든 민족을 제자로 삼아 아버지와 아들과 성령의 이름으로 세례를 베풀고 _ 마 28:19

내가 너희에게 전한 것은 주께 받은 것이니 곧 주 예수께서 잡히시던 밤에 떡을 가지사 축사하시고 떼어 이르시되 이것은 너희를 위하는 내 몸이니 이것을 행하여 나를 기념하라 하시고 식후에 또한 그와 같이 잔을 가지시고 이르시되 이 잔은 내 피로 세운 새 언약이니 이것을 행하여 마실 때마다 나를 기념하라 하셨으니 너희가 이 떡을 먹으며 이 잔을 마실 때마다 주의 죽으심을 그가 오실 때까지 전하는 것이니라 _ 고전 11:23-26

094
세례란
무엇인가요?

세례란 물로 씻는 성례인데(엡 5:26), 우리가 그리스도와 연합된 것 (갈 3:27), 그리스도의 피로 죄사함 받은 것(계 1:5), 그리고 그리스도의 소유가 되겠다는 약속(롬 1:6)을 표시하는 것입니다(벧전 3:21).

🌱 간략한 해설

세례는 입학식과 비슷합니다. 입학식이 새로운 공동체의 일원이 되었음을 표시하듯, 세례식은 그리스도에게 속한 사람이 되었음을 표시합니다. 세례식 때 물로 씻는 이유는, 물이 그리스도의 피를 상징하기 때문입니다. 물이 더러운 것을 깨끗하게 하듯, 그리스도의 피는 우리를 죄에서 깨끗하게 합니다. 세례는 일생에 한 번만 받습니다. 한 번 그리스도께 속한 사람은, 영원히 그리스도께 속한 자이기 때문입니다. 세례는 엄숙한 선언입니다. 우리는 세상에 속한 자가 아니라, 그리스도의 소유로 살겠다고 엄숙하게 선언하며 세례를 받습니다. 우리는 반드시 이 약속을 지켜야 합니다.

| 세례의 방식 | 물로 씻음 |

세례의 의미	1. 그리스도와의 연합
	2. 죄 사함
	3. 그리스도의 소유로 살겠다는 선언

 핵심 성구

이는 곧 물로 씻어 말씀으로 깨끗하게 하사 거룩하게 하시고 _ 엡 5:26

누구든지 그리스도와 합하기 위하여 세례를 받은 자는 그리스도로 옷 입었느니라 _ 갈 3:27

우리를 사랑하사 그의 피로 우리 죄에서 우리를 해방하시고 _ 계 1:5

너희도 그들 중에서 예수 그리스도의 것으로 부르심을 받은 자니라 _ 롬 1:6

물은 예수 그리스도께서 부활하심으로 말미암아 이제 너희를 구원하는 표니 곧 세례라 _ 벧전 3:21

095

누가 세례를
받을 수 있나요?

교회 밖에 있는 사람은 세례를 받을 수 없고, 예수님을 믿고 순종
하겠다고 고백하는 사람과(행 2:41) 교회의 유아들만 세례를 받을
수 있습니다(창 17:7).

🌱 간략한 해설

세례는 예수님을 믿고, 예수님의 가르침대로 살겠다고 고백
하는 사람에게만 베풀어야 합니다. 그래서 어떤 교회는 유
아에게 세례를 베풀지 않습니다. 하지만 유아 세례에는 성
경적 근거가 있습니다. 하나님은 아브라함뿐만 아니라, 그
의 후손과도 언약을 맺으셨습니다(창 17:7). 하나님은 아브
라함뿐만 아니라, 그의 후손들의 하나님이기도 하셨습니다.
바로 이것이 아브라함에게 속한 유아들도 할례를 받았던 이
유입니다. 신약의 세례는 구약의 할례를 대체하는 예식입니
다(골 2:11). 하나님께 속했음을 나타내는 의식이 구약에서는
할례였다면, 신약에서는 세례입니다. 옛 언약에 속했던 유
아들이 할례를 받았으므로, 새 언약에 속한 유아들도 세례
를 받아야 합니다.

| 세례자의 자격 | 믿음과 순종을 고백하는 사람 |
| | 교회의 유아들 |

 핵심 성구

그 말을 받은 사람들은 세례를 받으매 이날에 신도의 수가 삼천이나 더하더라 _ 행 2:41

내가 내 언약을 나와 너 및 네 대대 후손 사이에 세워서 영원한 언약을 삼고 너와 네 후손의 하나님이 되리라 _ 창 17:7

096

성찬이란 무엇인가요?

성찬이란, 빵과 포도주를 주고받음으로써 예수님의 죽으심을 보여 주는 성례인데(눅 22:20), 성찬에 합당하게 참여하는 사람은 주님의 몸과 피를 먹고 마심으로써 영적 양식을 공급받고 은혜 가운데 성장합니다(마 26:26-28).

 간략한 해설

성찬은 예수님의 거룩한 죽음을 보여 주는 성례입니다. 커다란 못이 예수님의 몸을 뚫었을 때, 예수님의 몸은 심하게 찢어졌을 것입니다. 성찬식 때 빵을 찢어서 나눠 주는 것은 바로 이 장면을 재현합니다. 찢어진 예수님의 몸에서는 많은 피가 흘렀을 것입니다. 성찬식 때 포도주를 붓는 것은 바로 이 모습을 재현합니다. 예수님은 성찬을 제정하시면서, "이것은 너희를 위하여 주는 내 몸이라"고 하셨습니다(눅 22:19). 여기에 대해서는 크게 네 가지 해석이 있습니다. 첫째, 로마 가톨릭의 화체설. 둘째, 루터교의 공재설. 셋째, 츠빙글리의 기념설. 넷째, 칼뱅의 영적 임재설입니다.

로마 가톨릭의 화체설	실재를 강조	예수님의 말씀을 문자적으로 해석함. 성찬의 빵과 포도주가 실제 예수님의 살과 피로 바뀐다는 매우 미신적인 주장.
루터교의 공재설	실재를 강조	성찬의 빵과 포도주에 아무런 변화가 없을지라도, 예수님께서 실제로 거기에 함께 하신다는 주장. 사실상 화체설과 다를 바가 없음.
츠빙글리의 기념설	상징을 강조	성찬의 빵과 포도주는 예수님의 살과 피를 상징하는 것에 불과하다는 주장.
칼뱅의 영적 임재설	실재와 상징을 함께 강조	예수님의 참된 몸이 성령의 능력으로, 영적이고 실재적으로 빵과 포도주에 임한다는 주장. 영적으로 임한다는 점에서 화체설 및 공재설과 다르고, 실제로 임한다는 점에서 기념설과 다름. 성찬을 통해 예수님의 살과 피를 영적으로 먹는다는 주장으로서, 가장 성경적인 해석.

 핵심 성구

저녁 먹은 후에 잔도 그와 같이 하여 이르시되 이 잔은 내 피로 세우는 새 언약이니 곧 너희를 위하여 붓는 것이라 _ 눅 22:20

그들이 먹을 때에 예수께서 떡을 가지사 축복하시고 떼어 제자들에게 주시며 이르시되 받아서 먹으라 이것은 내 몸이니라 하시고 또 잔을 가지사 감사 기도하시고 그들에게 주시며 이르시되 너희가 다 이것을 마시라 이것은 죄 사함을 얻게 하려고 많은 사람을 위하여 흘리는 바 나의 피 곧 언약의 피니라 _ 마 26:26-28

097

성찬에 참여하기 위해서는 무엇을 준비해야 하나요?

성찬에 참여하기 위해서는 다음과 같이 준비해야 합니다. 첫째, 성찬을 이해하는 지식(고전 11:29). 둘째, 주님을 구원자로 믿는 믿음(고후 13:5). 셋째, 회개하는 마음(마 26:28). 넷째, 형제를 향한 사랑(고전 10:16-17). 그리고 다섯째, 그리스도에 대한 순종입니다(고전 5:7).

 간략한 해설

성찬은 참여하기만 하면 되는 그런 성질의 예식이 아닙니다. 성찬은 주님께서 명하신 거룩한 예식입니다. 따라서 성찬에 참여하기 위해서는 준비가 필요합니다. 고린도 교회는 준비 없이 성찬에 참여하여 하나님께 벌을 받았습니다(고전 11:29-30). 성찬에 참여하기 원하는 사람은 다음의 다섯 가지를 필수적으로 준비해야 합니다.

 핵심 성구

주의 몸을 분별하지 못하고 먹고 마시는 자는 자기의 죄를 먹고 마시는 것이니라 _ 고전 11:29

너희는 믿음 안에 있는가 너희 자신을 시험하고 너희 자신을 확증하라 예수 그리스도께서 너희 안에 계신 줄을 너희가 스스로 알지 못하느냐 그렇지 않으면 너희는 버림 받은 자니라 _ 고후 13:5

성찬에 참여하기 위해 준비해야 하는 다섯 가지

지식	성찬이 예수님의 죽으심을 보여 주는 성례라는 지식이 있어야 합니다.
믿음	예수님을 구원자로 믿는 믿음이 있어야 합니다.
회개	예수님은 우리의 죄 때문에 죽으셨습니다. 따라서 구원받은 사람은 죄와 싸우며 살아야 합니다. 성찬에 참여하기 전에 우리가 얼마나 죄와 구별된 삶을 살았는지 점검하고 회개해야 합니다.
사랑	성찬은 우리가 그리스도와 연합되어 있음을 보여 줍니다. 모든 신자가 그리스도와 연합되어 있으므로, 모든 신자는 그리스도를 중심으로 연합되어 있습니다. 따라서 성찬에 참여하는 사람은, 한 몸 된 형제 · 자매를 얼마나 사랑했는지 점검해야 합니다.
순종	우리는 세상에 속한 자가 아니라 그리스도에게 속한 자입니다. 우리는 세상에 속한 생활 양식을 버리고, 그리스도의 말씀대로 살아야 합니다. 성찬에 참여하기 전, 자신이 얼마나 그리스도에게 순종했는지 점검해야 합니다.

이것은 죄 사함을 얻게 하려고 많은 사람을 위하여 흘리는 바 나의 피 곧 언약의 피니라 _ 마 26:28

우리가 축복하는 바 축복의 잔은 그리스도의 피에 참여함이 아니며 우리가 떼는 떡은 그리스도의 몸에 참여함이 아니냐 떡이 하나요 많은 우리가 한 몸이니 이는 우리가 다 한 떡에 참여함이라 _ 고전 10:16-17

너희는 누룩 없는 자인데 새 덩어리가 되기 위하여 묵은 누룩을 내버리라 우리의 유월절 양 곧 그리스도께서 희생되셨느니라 _ 고전 5:7

098

기도란
무엇인가요?

기도란, 우리의 소원을 하나님께 말씀드리되(시 62:8) 하나님의 뜻
에 합당한 것을(요일 5:14) 예수님의 이름으로(요 16:23) 우리 죄를 고
백하면서(시 32:5-6) 감사하는 마음으로 구하는 것입니다(빌 4:6).

🌱 간략한 해설

기도에는 다섯 가지가 포함되어야 합니다. 첫째, 우리의 소
원입니다. 우리는 피조물이므로, 창조주의 도움 없이 살 수
없습니다. 따라서 우리는 우리의 무능력함을 인정하며 기도
해야 합니다. 우리의 생존에 필요한 것들을 하나님께 구해
야 합니다. 둘째, 하나님의 뜻입니다. 기도는 아무 소원이나
구하는 것이 아니라 겸손히 하나님의 뜻에 합당한 것을 구
하는 행위입니다. 셋째, 예수님의 이름입니다. 원래 우리는
하나님 앞에 설 수 없는 죄인입니다. 우리가 하나님께 기도
할 수 있는 것은, 하나님과 우리 사이에 예수님이 계시기 때
문입니다. 우리는 예수님의 이름에서 기도할 수 있는 용기
를 얻습니다. 넷째, 죄의 고백입니다. 하나님은 죄를 숨기는
자의 기도를 듣지 않으십니다. 다섯째, 감사입니다. 성경은
하나님께 감사하는 마음으로 기도할 것을 요구합니다.

기도의 5대 요소
1. 우리의 소원
2. 하나님의 뜻
3. 예수님의 이름
4. 죄의 고백
5. 감사

 핵심 성구

백성들아 시시로 그를 의지하고 그의 앞에 마음을 토하라 하나님은 우리의 피난처시로다 _ 시 62:8

그를 향하여 우리가 가진 바 담대함이 이것이니 그의 뜻대로 무엇을 구하면 들으심이라 _ 요일 5:14

그날에는 너희가 아무것도 내게 묻지 아니하리라 내가 진실로 진실로 너희에게 이르노니 너희가 무엇이든지 아버지께 구하는 것을 내 이름으로 주시리라 _ 요 16:23

내가 이르기를 내 허물을 여호와께 자복하리라 하고 주께 내 죄를 아뢰고 내 죄악을 숨기지 아니하였더니 곧 주께서 내 죄악을 사하셨나이다 이로 말미암아 모든 경건한 자는 주를 만날 기회를 얻어서 주께 기도할지라 진실로 홍수가 범람할지라도 그에게 미치지 못하리이다 _ 시 32:5-6

아무 것도 염려하지 말고 다만 모든 일에 기도와 간구로, 너희 구할 것을 감사함으로 하나님께 아뢰라 _ 빌 4:6

099

기도에
법칙이 있나요?

하나님의 모든 말씀이 기도의 법칙이지만(잠 28:9), 예수님께서 제 자들에게 가르쳐 주신 주기도문은 그중에서도 특별한 법칙입니다(마 6:9).

 간략한 해설

기도란, 하나님의 뜻에 합당한 것을 구하는 행위입니다. 하나님의 뜻은 성경에 기록되어 있습니다. 따라서 성경을 잘 아는 사람이 기도도 잘할 수 있습니다. 그중에서도 주기도문은 특별한 지침입니다. 예수님께서 "너희는 이렇게 기도하라"라고 하시며, 기도에 대해 구체적으로 알려 주신 것이기 때문입니다.

주기도문의 구조

머리말	하늘에 계신 우리 아버지여,
첫 번째 간구	이름이 거룩히 여김을 받으시오며,
두 번째 간구	나라가 임하시오며,
세 번째 간구	뜻이 하늘에서 이루어진 것 같이, 땅에서도 이루어지이다.
네 번째 간구	오늘 우리에게 일용할 양식을 주시옵고,
다섯 번째 간구	우리가 우리에게 죄지은 자를 사하여 준 것같이, 우리 죄를 사하여 주시옵고
여섯 번째 간구	우리를 시험에 들게 하지 마시옵고, 다만 악에서 구하시옵소서.
맺음말	나라와 권세와 영광이 아버지께 영원히 있사옵나이다. 아멘.

 핵심 성구

| 사람이 귀를 돌려 율법을 듣지 아니하면 그의 기도도 가증하니라 _ 잠 28:9

| 그러므로 너희는 이렇게 기도하라 하늘에 계신 우리 아버지여 이름이 거룩히
| 여김을 받으시오며 _ 마 6:9

100
주기도문의 머리말은
기도에 대해
무엇을 가르쳐 주나요?

주기도문의 머리말, "하늘에 계신 우리 아버지여"는 우리에게 거룩한 공경심을 가지고 하나님께 구하라는 것과(전 5:2) 자녀가 아버지에게 구하는 것처럼 하나님께 구하라는 것(마 7:9-11), 그리고 다른 사람을 위해서도 기도해야 한다고 가르쳐 줍니다(엡 6:18).

🌱 간략한 해설

주기도문의 머리말에서 '하늘'은 하나님의 초월성 즉, 하나님의 높으심과 전능하심을 의미합니다. 따라서 우리는 거룩한 공경심을 가지고 기도해야 합니다. 또 '아버지'는 하나님과 우리의 관계 즉, 하나님께서 우리의 하늘 아버지이심을 의미합니다. 따라서 우리는 육신의 아버지가 우리의 부탁을 들어주시듯 하늘 아버지께서 우리의 기도에 응답하신다는 확신을 가지고 기도해야 합니다. 그리고 '우리'는 기도의 범위 즉, 우리가 기도해야 할 대상을 의미합니다. 우리는 자기 자신만을 위해서 기도할 것이 아니라, 우리의 형제 · 자매를 위해서도 기도해야 합니다.

하늘에 계신	하나님의 초월성 ➡ 공경심을 가지고 기도해야 함	
우리	기도의 범위 ➡ 형제·자매를 위해 기도해야 함	
아버지여	하나님과 우리의 관계 ➡ 확신을 가지고 기도해야 함	

 핵심 성구

너는 하나님 앞에서 함부로 입을 열지 말며 급한 마음으로 말을 내지 말라 하나님은 하늘에 계시고 너는 땅에 있음이니라 그런즉 마땅히 말을 적게 할 것이라 _ 전 5:2

너희 중에 누가 아들이 떡을 달라 하는데 돌을 주며 생선을 달라 하는데 뱀을 줄 사람이 있겠느냐 너희가 악한 자라도 좋은 것으로 자식에게 줄 줄 알거든 하물며 하늘에 계신 너희 아버지께서 구하는 자에게 좋은 것으로 주시지 않겠느냐 _ 마 7:9-11

모든 기도와 간구를 하되 항상 성령 안에서 기도하고 이를 위하여 깨어 구하기를 항상 힘쓰며 여러 성도를 위하여 구하라 _ 엡 6:18

101

주기도문의
첫 번째 간구는
기도에 대해
무엇을 가르쳐 주나요?

주기도문의 첫 번째 간구, "이름이 거룩히 여김을 받으시오며"는 우리의 영광이 아니라 하나님의 영광을 위해 기도해야 한다고 가르쳐 줍니다(계 4:11).

 간략한 해설

'하나님의 이름'을 거룩하게 여기는 것은 곧 '하나님'을 거룩하게 여기는 것입니다. 하나님을 거룩하게 여기는 것은 곧 하나님을 영화롭게 하는 것입니다. 그런 점에서 주기도문의 첫 번째 간구는 제1문과 맞닿아 있습니다. 첫 번째 간구의 핵심은 하나님의 이름을 위해, 다시 말해 하나님의 영광을 위해 살아가게 해 달라는 것입니다.

	간구의 핵심	간구의 내용
첫 번째 간구	하나님의 이름	하나님의 영광

 핵심 성구

우리 주 하나님이여 영광과 존귀와 권능을 받으시는 것이 합당하오니 주께서 만물을 지으신지라 만물이 주의 뜻대로 있었고 또 지으심을 받았나이다 하더라 _ 계 4:11

102

주기도문의
두 번째 간구는
기도에 대해
무엇을 가르쳐 주나요?

주기도문의 두 번째 간구, "나라가 임하시오며"는 사탄의 나라가 멸망하고(시 68:1) 하나님의 나라가 흥왕하기를 기도해야 한다고 가르쳐 줍니다(계 12:10).

 간략한 해설

하나님의 나라는 하나님의 통치를 의미합니다. 창조의 원리에 따르면 모든 사람이 하나님의 백성이므로, 모든 사람이 하나님의 통치에 복종해야 합니다. 하지만 부패한 인류는 하나님을 왕으로 인정하지 않고, 하나님의 통치에 복종하지 않습니다. 타락한 인류는 자신들도 모르는 사이에 사탄에게 복종하며 사탄의 백성으로 살아갑니다. 사탄의 유혹에 넘어가 하나님의 말씀에 불복종한 아담과 하와가 대표적입니다. 그래서 우리는 사탄의 나라가 멸망하고, 하나님의 나라가 흥왕하기를 기도해야 합니다. 사탄에게 종노릇 하던 사람들이 하나님께 복종하기를 기도해야 합니다.

	간구의 핵심	간구의 내용
첫 번째 간구	하나님의 이름	하나님의 영광
두 번째 간구	하나님의 나라	하나님의 통치

 핵심 성구

하나님이 일어나시니 원수들은 흩어지며 주를 미워하는 자들은 주 앞에서 도망하리이다 _ 시 68:1

내가 또 들으니 하늘에 큰 음성이 있어 이르되 이제 우리 하나님의 구원과 능력과 나라와 또 그의 그리스도의 권세가 나타났으니 우리 형제들을 참소하던 자 곧 우리 하나님 앞에서 밤낮 참소하던 자가 쫓겨났고 _ 계 12:10

103

주기도문의
세 번째 간구는
기도에 대해
무엇을 가르쳐 주나요?

주기도문의 세 번째 간구, "뜻이 하늘에서 이루어진 것 같이, 땅에
서도 이루어지이다"는 천사들이 하늘에서 하나님의 뜻에 온전히
순종하는 것처럼(시 103:20-21), 우리도 땅에서 하나님의 뜻에 온전
히 순종하기를 기도해야 한다고 가르쳐 줍니다(마 26:39).

 간략한 해설

여기서 '뜻'은 '하나님의 뜻'을, '하늘'은 '천사들이 거하는 곳'
을 의미합니다. 하늘에 있는 천사들은 하나님의 뜻에 온전
히 순종하고 있습니다. 따라서 땅도 하늘처럼 되게 해 달라
는 기도는, 하늘에서 천사들이 하나님의 뜻에 온전히 순종
하는 것처럼, 우리도 하나님의 뜻에 온전히 순종하며 살아
가기를 기도해야 한다고 가르쳐 주고 있습니다.

	간구의 핵심	간구의 내용
첫 번째 간구	하나님의 이름	하나님의 영광
두 번째 간구	하나님의 나라	하나님의 통치
세 번째 간구	하나님의 뜻	하나님께 순종

 핵심 성구

능력이 있어 여호와의 말씀을 행하며 그의 말씀의 소리를 듣는 여호와의 천사들이여 여호와를 송축하라 그에게 수종들며 그의 뜻을 행하는 모든 천군이여 여호와를 송축하라 _ 시 103:20-21

조금 나아가사 얼굴을 땅에 대시고 엎드려 기도하여 이르시되 내 아버지여 만일 할 만하시거든 이 잔을 내게서 지나가게 하옵소서 그러나 나의 원대로 마시옵고 아버지의 원대로 하옵소서 _ 마 26:39

104

주기도문의 네 번째 간구는 기도에 대해 무엇을 가르쳐 주나요?

주기도문의 네 번째 간구, "오늘 우리에게 일용할 양식을 주시옵고"는 이 세상을 살아가는 데(창 28:20) 꼭 필요한 것들을(잠 30:8-9) 하나님께서 공급해 주시기를 기도해야 한다고 가르쳐 줍니다.

 간략한 해설

네 번째 간구에서 말하는 '양식'은 우리가 살아가는 데 필요한 모든 것을 의미합니다. 먹을 것과 마실 것뿐만 아니라, 집과 직장도 네 번째 간구에서 말하는 양식에 포함됩니다. 그런데 예수님은 그냥 양식이 아니라 '일용할 양식'을 구하라고 하셨습니다. 평생 먹을 양식이 아니라 하루 먹을 양식을 구하라고 하셨습니다. 이것은 꼭 필요한 만큼만 구하라는 뜻입니다. 그 이유는 다음과 같습니다. 만약 평생 먹을 양식이 있다면 우리는 하나님께 기도할 필요를 느끼지 못할 것입니다. 반대로 하루 먹을 양식밖에 없다면 매일 매일 하나님께 기도하게 될 것입니다. 바로 이것이 예수님께서 일용할 양식을 구하라고 하신 이유입니다. 하나님의 뜻은 부족함 없이 사는 것이 아니라, 매 순간 하나님을 의지하며 사는 것입니다.

	간구의 핵심	간구의 내용
첫 번째 간구	하나님의 이름	하나님의 영광
두 번째 간구	하나님의 나라	하나님의 통치
세 번째 간구	하나님의 뜻	하나님께 순종
네 번째 간구	일용할 양식	우리의 필요

 핵심 성구

야곱이 서원하여 이르되 하나님이 나와 함께 계셔서 내가 가는 이 길에서 나를 지키시고 먹을 떡과 입을 옷을 주시어 _ 창 28:20

나를 가난하게도 마옵시고 부하게도 마옵시고 오직 필요한 양식으로 나를 먹이시옵소서 혹 내가 배불러서 하나님을 모른다 여호와가 누구냐 할까 하오며 혹 내가 가난하여 도둑질하고 내 하나님의 이름을 욕되게 할까 두려워함이니이다 _ 잠 30:8-9

105

주기도문의
다섯 번째 간구는
기도에 대해
무엇을 가르쳐 주나요?

주기도문의 다섯 번째 간구, "우리가 우리에게 죄지은 자를 사하여 준 것같이, 우리 죄를 사하여 주시옵고"는 우리의 죄 용서를 위해 하나님께 기도할 뿐만 아니라(시 51:1-2), 우리에게 죄지은 자를 용서할 수 있길 위해 기도해야 한다고 가르쳐 줍니다(마 18:35).

🕯 간략한 해설

다섯 번째 간구는 죄 용서에 관한 기도입니다. 하나님께 죄 용서를 구하는 것은, 우리의 본성과 상반되는 일입니다. 아담을 보면 알 수 있습니다. 아담이 범죄한 후 가장 먼저 한 행동은, 하나님을 떠나 숨는 일이었습니다. 이처럼 타락한 사람에게는 하나님에게서 도망가려는 본성이 있습니다. 하지만 예수님은 숨거나 도망가지 말라고 하십니다. 대신 하나님께 나아가 죄 용서를 구하라고 하십니다. 그러면 하나님은 우리의 죄를 용서해 주십니다. 용서해 주실 수밖에 없습니다. 바로 예수님 때문입니다. 예수님께서 우리 죄를 뒤집어쓰시고 십자가에서 죽으셨기 때문입니다. 우리가 이처럼 큰 은혜를 받았으므로, 우리 역시 용서하며 살아야 합니다. 만약 누군가가 그리스도인이 누구냐고 묻는다면, 우리는 이렇게 말할 수 있어야 합니다. 하나님께 용서받았기에, 이웃을 용서하며 사는 사람이라고 말입니다.

	간구의 핵심	간구의 내용
첫 번째 간구	하나님의 이름	하나님의 영광
두 번째 간구	하나님의 나라	하나님의 통치
세 번째 간구	하나님의 뜻	하나님께 순종
네 번째 간구	일용할 양식	우리의 필요
다섯 번째 간구	용서	우리의 죄 용서

 핵심 성구

하나님이여 주의 인자를 따라 내게 은혜를 베푸시며 주의 많은 긍휼을 따라 내 죄악을 지워 주소서 나의 죄악을 말갛게 씻으시며 나의 죄를 깨끗이 제하소서 _ 시 51:1-2

너희가 각각 마음으로부터 형제를 용서하지 아니하면 나의 하늘 아버지께서도 너희에게 이와 같이 하시리라 _ 마 18:35

106

주기도문의
여섯 번째 간구는
기도에 대해
무엇을 가르쳐 주나요?

주기도문의 여섯 번째 간구, "우리를 시험에 들게 하지 마시옵고, 다만 악에서 구하시옵소서"는 우리를 사탄의 유혹에서 지켜 주시기를 기도해야 한다고 가르쳐 줍니다(마 26:41).

 간략한 해설

예수님은 제자들에게 기도하라고 하셨습니다. 사탄의 유혹에 넘어가지 않기를 기도하라고 하셨습니다. 하지만 제자들은 기도하지 않았습니다. 기도하기는커녕 깊은 잠에 빠졌습니다. 그 결과는 비참했습니다. 제자들은 로마 군병들에 포위된 예수님을 버리고 도망쳤습니다. 제자들은 기도하지 않았지만 예수님은 기도하셨습니다. "시몬아, 시몬아, 보라 사탄이 너희를 밀 까부르듯 하려고 요구하였으나 그러나 내가 너를 위하여 네 믿음이 떨어지지 않기를 기도하였노니"(눅 22:31-32). 베드로가 끝까지 믿음을 지킨 것은 예수님의 기도 때문입니다. 이처럼 사탄의 유혹을 이기는 힘은 기도입니다. 가장 약한 사람도 기도를 통해 유혹을 이길 힘을 얻지만, 가장 강한 사람도 기도하지 않는다면 유혹을 이길 수 없습니다.

	간구의 핵심	간구의 내용
첫 번째 간구	하나님의 이름	하나님의 영광
두 번째 간구	하나님의 나라	하나님의 통치
세 번째 간구	하나님의 뜻	하나님께 순종
네 번째 간구	일용할 양식	우리의 필요
다섯 번째 간구	용서	우리의 죄 용서
여섯 번째 간구	시험	유혹에서 보호

 핵심 성구

시험에 들지 않게 깨어 기도하라 마음에는 원이로되 육신이 약하도다 하시고
_ 마 26:41

107

주기도문의 맺음말은
기도에 대해
무엇을 가르쳐 주나요?

주기도문의 맺음말, "나라와 권세와 영광이 아버지께 영원히 있사
옵나이다. 아멘"은 하나님을 찬양하면서 기도를 마무리해야 한다
고 가르쳐 줍니다(대상 29:10-13; 계 22:20).

🔥 간략한 해설

주기도문의 맺음말은 하나님을 향한 찬양입니다. 예수님은
하나님의 능력을 찬양하며 기도를 마무리하라고 하셨습니
다. 이처럼 우리가 살아가는 목적도 하나님의 영광이요, 우
리가 기도하는 목적도 하나님의 영광입니다. 기도는 우리의
욕망을 이루는 사사로운 도구가 아니라, 하나님을 영화롭게
하는 거룩한 도구입니다.

주기도문의 맺음말: 하나님을 향한 찬양

나라와	하나님은 모든 나라를 통치하는 왕이십니다.
권세와	하나님은 무엇이든 하실 수 있는 전능자이십니다.
영광이	하나님은 영광을 받기에 합당한 분이십니다.
아버지께 영원히 있사옵나이다	하나님은 영원히 변하지 않는 분이십니다.
아멘	하나님은 반드시 우리의 기도를 들어주십니다.

 핵심 성구

다윗이 온 회중 앞에서 여호와를 송축하여 이르되 우리 조상 이스라엘의 하나님 여호와여 주는 영원부터 영원까지 송축을 받으시옵소서 여호와여 위대하심과 권능과 영광과 승리와 위엄이 다 주께 속하였사오니 천지에 있는 것이 다 주의 것이로소이다 여호와여 주권도 주께 속하였사오니 주는 높으사 만물의 머리이심이니이다 부와 귀가 주께로 말미암고 또 주는 만물의 주재가 되사 손에 권세와 능력이 있사오니 모든 사람을 크게 하심과 강하게 하심이 주의 손에 있나이다 우리 하나님이여 이제 우리가 주께 감사하오며 주의 영화로운 이름을 찬양하나이다 _ 대상 29:10

이것들을 증언하신 이가 이르시되 내가 진실로 속히 오리라 하시거늘 아멘 주 예수여 오시옵소서 _ 계 22:20